AF199572

Die Sprache des Mondes
- für Anfänger -

Träume, Traumreisen, Visionen, Omen, Bilder und Mythen

Kontakt: www.HarryEilenstein.de / Harry.Eilenstein@web.de

Impressum: Copyright: 2011 by Harry Eilenstein – Alle Rechte, insbesondere auch das der Übersetzung, vorbehalten. Kein Teil des Buches darf ohne schriftliche Genehmigung des Autors und des Verlages (nicht als Fotokopie, Mikrofilm, auf elektronischen Datenträgern oder im Internet) reproduziert, übersetzt, gespeichert oder verbreitet werden.

Herstellung und Verlag: BoD - Books on Demand, Norderstedt

ISBN: 9783750420502

Inhaltsverzeichnis

I Das Haus des Bewußtseins — **6**
    1. Der Aufbau des Hauses — 6
    2. Die Bilder — 7
    3. Das Denken — 7
    4. Das Fühlen — 9
    5. Die Art der Bilder — 10
        a) Die äußere Wahrnehmung
        b) Der Übergang zur inneren Wahrnehmung
        c) Die Wahrnehmung in der Psyche
        d) Der Übergang zur Seele
        e) Die Wahrnehmung im Seelen-Bereich
        f) Der Übergang zum Gottheiten-Bereich
        g) Die Wahrnehmung im Gottheiten-Bereich
        h) Der Übergang zur Einheit
        i) Die Wahrnehmung im Einheit-Bereich
    6. Warum Bilder? — 13

II Die Eigenschaften der Bilder — **14**
    1. Die Worte der Bildersprache — 14
    2. Die Grammatik der Bildersprache — 15
    3. Die Substanz der Bildersprache — 17
    4. Die allgemeine Struktur der Bildersprache — 18
        a) Das kollektive Unterbewußtsein   b) Die Vajra-Struktur
    5. Der Mond in der Astrologie — 20

III Assoziative Strukturen und Analogien — **21**
    1. Amorphe Strukturen — 21
        a) Das Symbol   b) Die Zeit   c) Die Baumscheiben-Struktur
    2. Kreisläufe — 22
    3. Polarisierungs-Strukturen — 23
        a) Ergänzungs-Gegensätze   b) Extrem-Polarisierungen
    4. Das „3"-Prinzip — 24
        a) Der Vajra   b) Der Lebensbaum   c) Das Ba-Gua
        d) Das Vastu-Purusha   e) Die neun Orte eines Bildes

IV Bilder im Menschen   **29**
    1. Beständige Bilder   29
    2. Wandelbare Bilder   29
    3. Selber erschaffene Bilder   30
    4. Die Entdeckung von verborgenen Bildern   30
    5. Die Entwicklung von Bildern   31
    6. Im Widerspruch zu den Bilder stehen   31
    7. Die Heilung von Bildern   32
    8. Im Einklang mit den Bilder stehen   32
    9. Bilder in der Welt   33

V Beispiele   **34**
    1. Träume   34
       a) Die „ägyptische Regel" b) Esel-Traum c) Feuer-Traum
       d) Oger-Traum e) Isolations-Traum f) Berg-Traum
       g) Messer-Traum h) Mord-Traum i) Wald-Traum
       j) Zauberer-Traum k) Spock-Traum l) England-Traum
       m) Symbol-Traum n) Moskau-Traum o) Panther-Traum
       p) Trapez-Traum q) Mörder-Traum r) Schiff-Traum
       s) Tyr-Traum t) Tundra-Traum u) Mond-Traum
       v) Eulenburg-Traum w) Stadt-Traum x) Schuh-Traum
       y) Stadt-Traum z) Fahrrad-Traum
    2. Traumtagebuch   64
    3. Traumreisen   64
       a) Anfangs-Szene b) Weg c) Mitte d) Begegnungen
       e) der „rote Faden" f) eine Frage zur Klärung
    4. Visionen   67
       a) Zukunft b) Wiesenschaumkraut c) Lorbeerbaum-Elf
       d) Pan e) Adler und Schlange
    5. Gemälde   69
       a) Strichzeichnung 1 b) Strichzeichnung 2
       c) Strichzeichnung 3 d) Bild
    6. Archäologie   72
       a) Höhlenmalerei b) Göbekli Tepe
    7. Graphologie   73
    8. Mimik   74
    9. Gestik   74
  10. Sprachmelodie   74
  11. Selbstähnlichkeit   75

12. Krankheiten   75
     a) Ellbogen-Schmerzen b) Brustkrebs c) Erschöpfung
13. Seuchen   78
     a) Corana-Virus
14. Homöopathie   78
15. Symbole   79
     a) Sonne b) Schlange c) Hügelgrab d) Totempfahl
16. Omen   81
     a) Vogelflug b) Drei Pfeile
17. Familienaufstellungen   82
18. Kornkreise   82
     a) Polarität b) Symbole
19. Gegenstände   83
20. Orakel   85
21. Namen   85
22. Horoskop   86
23. Traumreisen-Beispiele   86
     a) Traumreise zur eigenen Mitte 1
     b) Traumreise zur eigenen Mitte 2
24. Situationen   106
25. Imaginationen   107
26. Absprachen mit dem Unterbewußtsein   108
     a) Laternenpfähle
27. Absprachen mit den Göttern   109
     a) Geld

Bücher-Verzeichnis   111

I Das Haus des Bewußtseins

I 1. Der Aufbau des Hauses

Das Haus des Bewußtseins ist sehr schlicht und funktional aufgebaut:

- In ihm gibt es ein Büro mit einem Schreibtisch, auf dem alle Daten, die für die augenblickliche Situation gebraucht werden, versammelt sind – das Wachbewußtsein.
Das ist der Normalzustand.

- Auf dem Büro-Schreibtisch steht eine Lampe, deren Spotlight manchmal angeschaltet und auf eine einzelne Sache auf dem Schreibtisch gerichtet wird, wenn diese existentiell wichtig ist – der Ekstase-Zustand.
Dieser Zustand tritt auf, wenn der Betreffende in Angst oder Lust gerät oder wenn er einsgerichtet meditiert.

- In dem Haus gibt es auch ein Archiv, in dem alle derzeitigen Wahrnehmungen und alle Erinnerungen in gut geordneter Weise vorhanden sind – das Unterbewußtsein.
Dieses Archiv sieht man in Träumen und auf Traumreisen. Man kann es auch das „Traum-Bewußtsein" nennen.

- Das Haus selber ist zunächst einmal leer, aber trägt und enthält alles anderes wie eine weiße Leinwand das Bild auf ihr – das Tiefschlaf-Bewußtsein.
Dieses Bewußtsein nimmt man in der Stille-Meditation wahr.

- Dieses Haus steht nicht einsam im Wald, sondern in einer Stadt zusammen mit den Häusern der anderen Menschen. Diese Häuser sind alle telepathisch und telekinetisch miteinander verbunden, wodurch ein großes Netz entsteht, das auch ein Gedächtnis für alles besitzt, was jemals in diesem Netz geschehen ist. Dies ist sozusagen das Stadtarchiv – das kollektive Unterbewußtsein.

I 2. Die Bilder

Diese fünf Arten des Bewußtseins unterscheiden sich durch die Anzahl an Informationen, die gleichzeitig in ihnen vorhanden sind. Zu jedem dieser Bewußtseinsformen gehört auch eine bestimmte Frequenz im EEG – diese Frequenzen bilden Oktaven zueinander, d.h. sie sind jeweils doppelt so hoch bzw. halb so hoch wie die Frequenz des benachbarten Bewußtseins-Zustandes.

Bewußtseins-Formen und Bewußtseins-Inhalte		
Bewußtseins-Form	*Anzahl der Inhalte*	*Frequenz*
Tiefschlaf-Bewußtsein	keine	∅ 3Hz
individuelles Unterbewußtsein	alle (eines Menschen)	∅ 6Hz
kollektives Unterbewußtsein	alle (der Menschheit)	∅ 6Hz (?)
Wachbewußtsein	einige	∅ 12Hz
Ekstase-Zustand	ein einziges	∅ 24Hz

I 3. Das Denken

Die unterschiedliche Anzahl der Bewußtseins-Inhalte in diesen Formen des Bewußtseins führt zu verschiedenen Strukturen in diesen Bewußtseinsformen, also zu verschiedenen Formen des „Denkens":

- Im Tiefschlaf-Bewußtsein sind keine Inhalte vorhanden, was bedeutet, daß dort auch keine Betrachtung von Strukturen, also kein Denken stattfindet.
In diesem Bewußtsein ist man einfach da.

- Im Ekstase-Zustand ist das gesamte Bewußtsein auf ein einziges Ding ausgerichtet, weshalb es auch hier kein „normales Denken" geben kann.
In diesem Bewußtsein ist man vollkommen eingerichtet – wie beim Orgasmus, in der Panik oder in der tiefen Meditation.

- Im Wachbewußtsein befinden sich die Inhalte, die für die augenblickliche Situation gebraucht werden. Die Aufgabe des Wachbewußtseins ist es, das optimale verhalten in der augenblicklichen Situation zu erkennen. Das Denken vergleicht also Möglichkeiten und trifft eine Entscheidung, d.h. es wählt eine Möglichkeit aus und verwirft die anderen. Hier wird alles bewertet und eine Rangfolge erschaffen.

In diesem Bewußtsein ist man auf den eigenen Egoismus und auf die Situation ausgerichtet und versucht beides optimal zu kombinieren – man versucht sich durchzusetzen bzw. die Situation bestmöglich zu nutzen. Das Denken ist also ein Auswahl-Werkzeug.

- Im individuellen Unterbewußtsein sind alle Inhalte präsent. Dort wird also nicht bewertet und ausgewählt, verstärkt und verdrängt, sondern alles in gleicher Weise betrachtet – das Unterbewußtsein ist also der Ort, an dem man einen Überblick über das Ganze bekommen kann. Das bedeutet, daß die Dinge im Unterbewußtsein so aussehen, wie sie sind, denn in einem guten Archiv ist alles gut geordnet, gut auffindbar und in keiner Weise entstellt oder verfälscht. Das bedeutet natürlich auch, daß in den Bildern in diesem Archiv auch alle Gefühle enthalten sind, die mit diesen Bildern möglicherweise noch verbunden sind. Dieses Archiv ist also nicht still und langweilig und verstaubt, sondern in ihm ist es ziemlich lebendig und laut und bewegt.

Das Denken im Unterbewußtsein ist folglich der klare Blick auf alle Dinge im eigenen Inneren – so wie sie sind.

- Für das kollektive Unterbewußtsein gilt dasselbe wie für das individuelle Unterbewußtsein, nur das in dem kollektiven Archiv die Bilder der ganzen Menschheit in geordneter Weise versammelt sind.

Die Abteilungen dieses riesigen Archivs sind die Hauptthemen, die Urbildes, die Archetypen, die Gottheiten und ihre Mythen. Auch die Gottheiten stellen ihr Thema so, wie es ist, dar. Daher kann man von den Gottheiten erfahren, wie die heile Gestalt eines Themas aussieht und sich anfühlt.

Das Denken kommt also nur im Wachbewußtsein sowie im individuellen Unterbewußtsein und im kollektiven Unterbewußtsein vor. Da das Denken in diesen beiden Formen des Bewußtseins sehr verschiedene Aufgaben hat, hat es auch eine sehr verschiedene Vorgehensweise.

Das Wachbewußtsein ist auf eine gute Versorgung mit Informationen aus dem Archiv angewiesen ist. Das Wachbewußtsein kann auch nur dann förderliche Entscheidungen treffen kann, wenn es die Wahrnehmung aller relevanten Informationen aus dem Archiv zuläßt. Daher ist eine gute Zusammenarbeit zwischen dem Büro des Wachbewußtsein und dem Archiv des Unterbewußtsein für ein Gedeihen des eigenen Lebens essentiell.

Was bedeutet, daß das Wachbewußtsein möglichst gründlich die Sprache des Unterbewußtseins lernen sollte …

I 4. Das Fühlen

Da sich das Denken in den verschiedenen Bewußtseins-Bereichen deutlich unterscheidet, liegt es nahe, sich auch das Fühlen in diesen Bereichen einmal genauer anzusehen.

Der Einfachheit halber kann man Gedanken allgemein als „Strukturen" auffassen, das Fühlen als „Impulse" und die Bilder als mehr oder weniger stark weiterverarbeitete „Wahrnehmungs-Erinnerungen". Das Bild ist also das „Gefäß", daß in bestimmten Zusammenhängen steht (Denken) und einen Impuls in sich trägt (Gefühle).

   - Im Tiefschlaf-Bewußtsein, das ohne Inhalte ist, sollte der einzige Impuls das „da-sein" sein – man ist das, was man ist.
   Die Gefühle sind hier folglich ein völlig selbstverständliches „so sein, wie man ist". Man ruht in sich selber.

   - Im Unterbewußtsein sind alle Inhalte gleichberechtigt da. Sie können jedoch verschiedene alte Gefühle enthalten, die aus der Zeit stammen, in der ein bestimmtes Bild entstanden oder durch ein anderes Bild mit demselben Thema ergänzt worden ist.
   Wenn eine Erinnerung „heil" ist, sind die Gefühle in diesem Bild entspannt und man fühlt bei diesem Bild, wenn man es vom Wachbewußtsein aus wahrnimmt, entweder einfach ein Schmunzeln oder auch gar nichts. Bei Erinnerungen, die noch nicht verarbeitet sind, können jedoch die Gefühle in diesem Bild den betreffenden Menschen mehr oder weniger massiv dazu drängen, in Situationen, die eine Ähnlichkeit mit dem betreffenden Bild haben, sofort zu reagieren – entweder aus Lust oder aus Angst heraus.
   Eine spezielle Form des „emotional aufgeladenen Bildes" ist das Trauma, in dem das Gefühl einer existentiellen Bedrohung gespeichert ist und das daher das bewußte Entscheiden massiv beeinflussen kann.
   Im Unterbewußtsein sind alle Gefühle, die es in dem betreffenden Menschen gibt.

   - Im Wachbewußtsein sind die für die derzeitige Situation relevanten Inhalte und werden dort verarbeitet.
   Folglich sind im Wachbewußtsein die Gefühle präsent, die für die augenblickliche Situation von Bedeutung sind – idealerweise alle Gefühle, aber keines von ihnen so dominant (Trauma), daß das Wachbewußtsein die Situation nicht mehr realistisch einschätzen kann.

   - Im Ekstase-Zustand ist nur ein einziger Bewußtseins-Inhalt.
   Offensichtlich ist er gerade so wichtig, daß sich alle Aufmerksamkeit und

folglich auch alle Gefühle auf diesen einen Inhalt beziehen. Die Gefühle erreichen folglich ihre maximale Intensität.

- Für das kollektive Unterbewußtsein gilt vermutlich dasselbe wie für das individuelle Unterbewußtsein.
Auch in ihm sind alle Gefühle gespeichert und sichtbar und wirksam.

Auch in Bezug auf die Gefühle ist das Unterbewußtseins-Archiv der Ort, an dem man alles so sehen kann, wie es ist.

I 5.   Die Art der Bilder

Die Bilder, die man sieht, unterscheiden sich nach der Quelle, aus der sie kommen. Zunächst einmal sind äußerlich wahrgenommene Bilder etwas anderes als innerlich wahrgenommene Bilder wie z.B. in Träumen. Aber die innerlichen Bilder sind keinesfalls einheitlich, sondern können aus recht verschiedenen inneren Bereichen stammen und sehen dann auch jeweils deutlich verschieden aus.

III 5. a)   Die äußere Wahrnehmung

Die äußere Wahrnehmung geschieht mit den Augen. Man sieht Dinge, die Licht aussenden oder die von Licht beschienen werden, wenn dieses Licht das Auge erreicht. Der optische Eindruck im Gehirn stellt die äußere Form des Gesehenen dar.
Im Wachbewußtsein nimmt man die gesamte Situation wahr, im Ekstase-Zustand nur die eine wichtige Sache.

III 5. b)   Der Übergang zur inneren Wahrnehmung

Der Übergang zur inneren Wahrnehmung ist z.B. der Beginn einer Traumreise bei der man durch eine imaginierte Tür tritt oder innerlich eine Gottheit anspricht. Auch der Beginn eines Tagtraumes ist solch ein Übergang – wenn auch kein bewußter. Auch das morgendliche Erwachen aus einem Traum heraus gehört zu diesen Übergängen.
Ebenso ist der Beginn der Imaginationen bei einem Ritual ein solcher Übergang

oder das Legen der Hände an einen Baum, wenn man sich mit ihm unterhalten will. Auch das Blicken in eine Kristallkugel oder in einen Spiegel zählt zu diesen Übergängen und ebenso das Verschieben des eigenen Bewußtseins in den Körper eines anderen Menschen, wenn man sehen will, was mit ihm los ist oder wenn man ihn heilen will. Des weiteren zählt auch das bewußte Ausüben von Telepathie und Telekinese sowie die Hypnose zu diesen Übergängen. Der Übergang vom Wachbewußtsein zum Unterbewußtsein weist eine große Vielfalt auf …

Sowohl von der Wahrnehmung her als auch von der Imagination her gesehen entstehen bei diesem Übergang erste Eindrücke, Linien, Symbole, Farbeindrücke, Silhouetten usw. die dann allmählich deutlicher werden.

III 5. c)   Die Wahrnehmung in der Psyche

Die Wahrnehmung bzw. Imagination im Unterbewußtsein (Traumbewußtsein) besteht aus nur leicht kolorierten Schwarzweiß-Bildern. Die Szenerie ist überall von einem diffusen Licht erfüllt, das keine erkennbare Lichtquelle hat. Die Dinge bewegen sich, die Szenen wechseln manchmal abrupt, man selber ist Teil der Handlung.

Dieser Bereich entspricht der Wahrnehmung, die u.a. von Haschisch künstlich hervorgerufen wird – dieser Zustand ist jedoch auch durch eine Traumreise wesentlich leichter (und zudem legal) erreichbar.

III 5. d)   Der Übergang zur Seele

An diesem Übergang beginnen die Dinge teilweise von innen her zu leuchten, sie werden zum größten Teil farbig, sie haben unnatürlich scharfe Konturen und sie verwandeln sich ständig in neue Formen, wobei diese Verwandlungen so aussehen, als ob man Ton immer weiter verformen würde – es sind fließende Verwandlungen.

Diese Art der Wahrnehmung ist typisch für LSD und für recht tiefe Meditationen – sie findet sich oft in der psychedelischen Kunst dargestellt. Auch Betäubungsspritzen (z.B. beim Zahnarzt) können manchmal diesen Effekt haben – das sieht dann in etwa so aus, als ob die die Dinge, auf die man eine Weile blickt, wie Blasen zu bilden scheinen und zu „blubbern" beginnen.

III 5. e)   Die Wahrnehmung im Seelen-Bereich

Die Bilder sind in der Regel Standbilder (sie bewegen und verändern sich nicht). Ab und zu sind sie auch Symbole. Sie sind farbig und sie leuchten von innen her. Diese Bilder haben eine tiefe Bedeutung, die man spüren kann, auch wenn man sie nicht unbedingt gleich versteht.

III 5. f)   Der Übergang zum Gottheiten-Bereich

Die Dinge beginnen stärker zu leuchten und sie beginnen durchsichtig zu werden. Das bedeutet, daß man von jedem Ort aus alles sehen kann. Hier können intensive Gefühle auftreten, weil sich die Grenzen aufzulösen beginnen – was sich manchmal in der Vision eines bodenlosen Abgrundes zeigt, in den man springen soll.

III 5. g)   Die Wahrnehmung im Gottheiten-Bereich

Hier finden sich Konturen im Licht. Dieser Bereich ist ein Kontinuum, d.h. es gibt keine Abgrenzungen. Hier kann man sich nur noch über die eigene Qualität, aber nicht mehr durch eine Abgrenzung definieren – man ist Teil eines endlosen Kontinuums.

III 5. h)   Der Übergang zur Einheit

An diesem Übergang gibt es zwei wichtige Erlebnisse:
Das eine ist die Heimat, eine Verbundenheit mit allem, ein Wiederfinden der eigenen „Familie". Die Droge „Ekstasy" ist ein Versuch, den Menschen auf chemische Weise mit diesem Bereich in Kontakt zu bringen.
Das andere Erlebnis ist der „Lichtsturm", der ein uneingeschränkter Selbstausdruck ist.

III 5. i) Die Wahrnehmung im Einheit-Bereich

Die Wahrnehmung dieses Bereiches ist gleißend-weißes Licht oder glänzende Schwärze – was nur den Worten nach ein Unterschied ist. Dieser Bereich ist die Einheit, ungegliedert, grenzenlos … und erfüllend …

Die „Heimat", der „Lichtsturm" und die „Einheit" können u.a. in Traumreisen zum Salbei erlebt werden.

I 6. Warum Bilder?

Der Grund dafür, daß das Unterbewußtsein vorwiegend aus Bildern besteht ist, recht einfach: Die Sprache ist (von der gesamten Evolution her betrachtet) eine recht neue Erfindung der Menschen. Die Sinneswahrnehmung und somit auch die Erinnerungen des Menschen bestehen nicht aus Worten, sondern zu 80% aus optischen Wahrnehmungen. Der Mensch ist ein „Augen-Wesen".

Folglich hat der Mensch in seinem Unterbewußtsein auch noch das alte „optische Verarbeitungs-System der Erlebnisse" (Bild-Assoziationen), das sich auch bei allen anderen Säugetieren, Vögeln, Reptilien und Amphibien findet.

II Die Eigenschaften der Bilder

Um die Sprache der Bilder verstehen zu können, ist es hilfreich, sie sich genauer anzusehen. Die wichtigsten Fragen dabei sind:

- Was sind ihre Worte?
- Wie ist ihre Grammatik?
- Was ist ihre Substanz?

Und als Ergänzung dazu noch die Frage:

- Wo erscheint sie in einem Horoskop?

II 1. Die Worte der Bildersprache

Die „Worte" der Bildersprache sind die einzelnen Bilder. Sie sind Wahrnehmungen oder gespeicherte Wahrnehmungen, also Erinnerungen. Zu diesen Erinnerungen gehört auch der Impuls und die Motivation, also das Gefühl, das möglicherweise noch an dieses Bild gebunden ist.

Da im Unterbewußtsein alle Inhalte vollständig und ohne Ausnahmen vorhanden sind, gibt es zwar Bilder, die sich in den Vordergrund drängen, weil sie zentraler sind (z.B. das Bild der eigenen Mutter) oder noch immer emotional aufgeladen sind (z.B. die Sehnsucht nach einem Menschen oder die Erinnerung an einen Unfall), aber alle Bilder sind an ihrem Ort in diesem großen Archiv.

Alle diese Bilder können daher im Traum gesehen werden – wenn es einen Anlaß gibt, der diese Bilder in der betreffenden Nacht hervorhebt. Dies macht die Betrachtung der eigenen Träume so aufschlußreich …

Im Unterbewußtsein gibt es keine Täuschungsmanöver und kein Verbergen, Beschönigen oder Schwarzmalen – man sieht die Dinge dort so, wie sie sind. Jedes Bild ist der bestmögliche Ausdruck für den betreffenden Inhalt der Psyche – es ist eine Erinnerung, eine Spiegelung eines früheren Ereignisses.

Diese Aufrichtigkeit der Bilder im Unterbewußtsein macht es so wertvoll, die Sprache der Träume zu erlernen.

II 2.   Die Grammatik der Bildersprache

Die Bilder stehen im Unterbewußtsein nicht einzeln da – die Sprache der Träume hat auch eine Grammatik. Diese Grammatik ist sehr einfach: Ähnliches nimmt Kontakt auf – gleich und gleich gesellt sich gern.

Durch diesen Prozeß der „thematischen Sortierung" entstehen Symbole – dieses altgriechische Wort bedeutet „zusammenbringen, vergleichen". Dieser Vorgang der Assoziation ähnlicher Bilder miteinander ermöglicht eine schnelle Orientierung.

Dieser Vorgang ist auch die Grundlage des „instinktiven Lernens": Ähnliche Situationen werden wiedererkennt, was die Grundalge dafür ist, sich entweder so wie beim vorigen mal zu verhalten (wenn das erfolgreich war) oder etwas anderes zu versuchen (wenn das erfolglos war).

Auch das Trainieren von Tieren (und manchmal auch Menschen) mithilfe von Strafe und Belohnung benutzt dieses Assoziationsprinzip („Pawlow'scher Reflex").

Aus dieser Assoziationslogik entsteht eine bildhafte Sprache, die als Verknüpfung nicht die Kausalität, sondern eben die Ähnlichkeit benutzt.

Die ältesten bekannten Sprachen wie das Altägyptische und das Sumerische haben noch teilweise diese bildhafte Logik und besitzen kaum solche logischen Partikel wie „wenn", „dann", „aber", „wie", „danach", „möglicherweise", „nichtsdestotrotz" und dergleichen. Daher gibt es in diesen Sprachen Sätze wie „Pharao im Palast, Sonne am Himmel." Es ist nicht allzuschwer zu erkennen, daß „Der mächtige Pharao erstrahlt in seinem Palast wie die allbeherrschende Sonne am Himmel." gemeint ist. Es geht also auch ohne die Kausalitätslogik und die logischen Partikel …

Diese Selbstorganisation der inneren Bilder durch das Aneinanderlagern von Erinnerungen mit demselben Thema führt über die Symbolbildung auch zur Entstehung von Urbildern. Der Zusammenhang zwischen diesen Urbildern läßt dann schließlich die eigene innere Mythologie entstehen.

Dieser Mythologiebildungs-Prozeß verläuft in der folgenden Graphik von links nach rechts – die Wirkung dieser Mythologie auf das Verhalten des Menschen verläuft von rechts nach links. Es werden natürlich sehr viel mehr Erinnerungen zu einem Symbol zusammengefaßt als nur zwei wie in der Graphik – und auch deutlich mehr Symbole zu einem Urbild usw. Die Graphik soll nur das Prinzip zeigen, wie das Archiv des Unterbewußtseins aufgebaut ist.

die innere Mythen-Bildung					
außen	→ Mythen-Bildung →				**innen**
	← Mythen-Wirkung ←				
Wahrnehmung	Erinnerung	Symbol	Urbild	Mythe	innere Mythologie
Wahrnehmung	Erinnerung				
Wahrnehmung	Erinnerung	Symbol			
Wahrnehmung	Erinnerung				
Wahrnehmung	Erinnerung	Symbol	Urbild		
Wahrnehmung	Erinnerung				
Wahrnehmung	Erinnerung	Symbol			
Wahrnehmung	Erinnerung				
Wahrnehmung	Erinnerung	Symbol	Urbild	Mythe	
Wahrnehmung	Erinnerung				
Wahrnehmung	Erinnerung	Symbol			
Wahrnehmung	Erinnerung				
Wahrnehmung	Erinnerung	Symbol	Urbild		
Wahrnehmung	Erinnerung				
Wahrnehmung	Erinnerung	Symbol			
Wahrnehmung	Erinnerung				

Im Unterbewußtsein scheint es zwei grundlegend verschiedene Tätigkeits-Phasen zu geben:

- die Benutzung der inneren Bilder zur Orientierung in der Welt während des Wachzustandes am Tag, und

- die Einsortierung der Erlebnisse des Tages während des Traumzustandes in der Nacht.

Dieses „innere Aufräumen" ist auch der Grund für den Schlaf, der doch eigentlich eine lebensgefährliche Angelegenheit ist, da man während des Schlafes nicht wahrnehmen kann, was gerade rings um einen herum geschieht.

Der Schlaf ist eine Erfindung der Amphibien, aus denen sich dann die Reptilien entwickelt haben, die wiederum die Vorfahren der Säugetiere gewesen sind, zu denen auch wir Menschen gehören. Die Amphibien haben das Gedächtnis erfunden, das es ermöglicht, nicht nur mithilfe von feststehenden Reflexen zu reagieren, sondern auch mithilfe des Wiedererkennens von Situation und des Dazu-Lernens.

Im Wachen spielt man sozusagen auf der Geige seiner Psyche, die sich dabei verstimmt – im Träumen stimmt man sie wieder.

Durch dieses Aufräumen in der Psyche entsteht der Effekt des morgendlichen Erfrischtseins. Auch die gut bekannte Problemlösungs-Methode „erst mal drüber schlafen" beruht auf dem Aufräum-Vorgang während des Träumens.

Außer den Träumen und der Grammatik alter Sprachen beruhen auch die Traumreisen, die Omen, die Visionen, die Märchen, die Mythen, ein Teil der Lyrik und noch einiges mehr auf dieser Assoziations-Logik des Unterbewußtseins.

Dieses Prinzip der Assoziation findet sich auch in einigen Bereichen der Physik wie in der Relativitätstheorie und in der Quantenphysik.

II 3. Die Substanz der Bildersprache

Man kann sich auch die Frage stellen, woraus diese inneren Bilder im Unterbewußtsein bestehen. Sind sie materiell gespeichert? Sind sie nur im Bewußtsein? Und dann gibt es auch noch das alte Konzept der Lebenskraft, das eng mit dem Bewußtsein verbunden ist.

Man kann zunächst einmal sicher sagen, daß das Gedächtnis und somit die inneren Bilder sowohl mit dem Gehirn als auch mit dem Bewußtsein zu tun haben – wobei eine genauere Differenzierung im Zusammenhang mit der Betrachtung der inneren Bildersprache erst einmal nicht notwendig ist.

Die Lebenskraft kann auf zwei grundlegend verschiedene Weisen aufgefaßt und definiert werden:

- als eine „nicht-physikalische Substanz", die vom Bewußtsein gelenkt werden kann, und

- als eine Form des Bewußtseins, die auf die Materie wirken kann.

Wenn man beide Definitionen zusammennimmt, wird deutlich, daß die Lebenskraft am Übergang vom Bewußtsein zur Materie erscheint. Die einfachste und praktischste Definition der Lebenskraft ist folglich:

- das Aussehen der Materie bei der direkten Wahrnehmung durch das Bewußtsein ohne Zuhilfenahme der physischen Sinne.

Möglicherweise klingt das znächst einmal etwas abstrakt, aber wenn man z.B. schon einmal Telepathie oder Telekinese erlebt hat, wird diese Form der „direkten Wahrnehmung" anschaulicher. Auch die Intuition ist eine Form dieser „direkten

Wahrnehmung".

Bei der Beschreibung von inneren Vorgängen ist der Begriff „Lebenskraft" ausgesprochen hilfreich und ebenso auch bei der Beschreibung von magischen Phänomenen, bei denen die direkte Wahrnehmung durch das Bewußtsein (Telepathie) und die direkte Einflußnahme durch das Bewußtsein (Telekinese) eine große Rolle spielen.

Aufgrund der bisherigen Betrachtungen kann man sagen, daß die Selbstorganisation der Lebenskraft auf dem Aneinanderlagern von Ähnlichem beruht, also auf der Assoziation. Auf diese Weise lagert sich auch das Krafttier an einen Menschen an: Der Charakter des eigenen Krafttieres entspricht am genauesten dem Charakter der eigenen Seele und ihrer Absicht für ihre derzeitige Inkarnation. Dasselbe gilt auch für die Kraftpflanze und den Kraftstein. Sie stellen die Dynamik (Tier), die Haltung (Pflanze) und die Struktur (Stein) der Seele und ihrer Absicht dar.

II 4.   Die allgemeine Struktur der Bildersprache

Bei der Betrachtung der Lebenskraft zeigt sich, daß sie sich außer durch die thematischen Anordnung (Assoziation) in der individuellen Psyche noch auf zwei allgemeinere Weisen selber organisiert: als kollektives Unterbewußtsein und als „Vajra".

II 4. a)   Das kollektive Unterbewußtsein

Die Lebenskraft ist nicht nur in einem einzelnen Menschen, sondern in allen Menschen, Tieren, Pflanzen, Mineralien usw., also überall. Da sie dazu neigt, sich durch Assoziationen zu organisieren, verbindet sie auch einzelne Menschen miteinander. Das erscheint dann im Einzelnen als Telepathie und Telekinese und im allgemeinen als das kollektive Unterbewußtsein. Dieses kollektive Unterbewußtsein ist der Lebenskraftkörper der Menschheit, der wie das individuelle Unterbewußtsein aus den gut aufgeräumten Erinnerungen der Menschheit besteht.

In dem kollektiven Unterbewußtsein finden sich daher auch „zentrale Symbole", die üblicherweise als „Gottheiten" bezeichnet werden, sowie die Zusammenhänge zwischen diesen Gottheiten, die die „allgemeine, kollektive Mythologie" sind.

Da sich die Erinnerung des kollektiven Unterbewußtseins über die gesamte Menschheit erstreckt, haben die Bilder in ihm auch eine deutlich längere Geschichte. Daher ist es bei der Deutung von Bildern manchmal notwendig, auch die Geschichte eines Symbols wie der Mutter, der Schlange, des Hügelgrabes, der Sonne u.ä. nicht nur die Psyche eines einzelnen Menschen, sondern auch das kollektive Unterbewußtsein, also die gesamte Geschichte dieses Symbols zu betrachten

II 4. b) Die Vajra-Struktur

Die Lebenskraft eines Menschen bildet eine Ei-förmige Kugel um ihn herum, dessen äußerer Rand manchmal „Aura" genannt wird.

Diese Lebenskraft bildet Organe aus: die Chakren.

Die Lebenskraft ist auch nicht statisch, sondern hat eine innere Dynamik, die dem Blutkreislauf in dem physischen Körper entspricht und wie diese eine Konvektions-Strömung (Kreislauf) ist: Sie steigt im Inneren des Körpers wie der Strahl eines Springbrunnens empor („Kundalini"), entfaltet sich oben wie eine Fontäne, strömt rings um den Körper herum wieder wie Tropfen hinunter, sammelt sich unten erneut in dem See und steigt dann wieder im Körperinneren empor.

Die sieben Hauptchakren haben eine innere Dynamik: Das Herzchakra strahlt nach unten hin durch das Sonnengeflecht, das Hara und das Wurzelchakra hinab und nach oben hin durch das Halschakra, das Dritte Auge und das Scheitelchakra wieder hinauf.

Von seiner Grundstruktur her hat das System der Lebenskraft-Organe, also das System der Chakren, einen schlichten Aufbau:

- ein zentrales Chakra,

- drei Chakrenpaare um dieses Zentrum (Herzchakra) herum, die zwei Reihen bilden, sowie

- ein Strahl, der vom Zentrum nach oben geht, und ein Strahl, der vom Zentrum nach unten geht.

Dasselbe findet sich bei dem Aufbau einer Sonne:

- die Sonne im Zentrum,

- drei Schichten rings um die Sonne („Sonnenwind"; „Stoßfront" und „Bugwelle"), was bedeutet, daß eine Gerade, die durch die Sonne führt, auf beiden Seiten der Sonne durch diese drei Bereich führt, sowie

- die beiden „Jets" (elektromagnetisches Feld), der von den beiden Polen der Sonne aus nach oben und nach unten durch die drei Bereiche führt.

Diesen Aufbau findet man auch im dem Symbol des Vajras:

- die Kugel im Zentrum

- drei Symbole nach beiden Richtungen (Lotus, Elefantenkopf, Elefanten-
rüssel), sowie

- zwei Strahlen, die von der zentralen Kugel in entgegengesetzte Richtungen führen.

Dieses System hat noch viele weitere Details, die sich sowohl im Chakrensystem
als auch rings um eine Sonne finden. Für das Verstehen der Bildersprache sind jedoch
vor allem die sieben Hauptchakren wichtig sowie der Umstand, daß es in der Welt
Strukturen gibt, die sich sowohl in der Lebenskraft (Chakrensystem) als auch in der
Materie (Sonne) finden.

Eine detaillierte Darstellung findet sich in meinem Buch „Das Chakrensystem mit
den Nebenchakren".

II 5. Der Mond in der Astrologie

In der Astrologie werden die hauptsächlich aus Worten bestehende Wachbewußt-
seins-Sprache und die hauptsächlich aus Bildern bestehende Unterbewußtseins-
Sprache durch zwei verschiedene Planeten verkörpert: die Wort-Sprache durch den
Merkur und die Bilder-Sprache durch den Mond.

Die Sprache der Bilder ist also auch die „Sprache des Mondes".

III Assoziative Strukturen und Analogien

Es gibt eine Vielzahl von Strukturen, die sich in dem Bereich der Bilder und somit auch im Bereich der Lebenskraft bilden. Für den bewußten Umgang mit diesen Bildern, also für eine Übersetzung dieser Bilder des Unterbewußtseins in die Sprache des Wachbewußtseins, ist eine grobe Kenntnis dieser Strukturen recht hilfreich.

Es gibt im Bereich der Bilder zwei Formen von Strukturen: die Assoziation und die Analogie.

> - Bei der Assoziation lagern sich zwei oder mehr Dinge mit demselben Thema aneinander und bilden eine vielschichtigen Komplex – z.B. alle Erlebnisse mit der eigenen Mutter.

> - Bei der Analogie stehen Dinge mit gleicher Struktur miteinander in Resonanz – z.B. die Geburt eines Menschen, das Keinen einer Pflanze und der Sonnenaufgang.

III 1. Amorphe Strukturen

Einige dieser Strukturen haben keine bestimmte Form, also keine Analogien, Symmetrien, Gegensatz-Pole, Kreisläufe o.ä. In diesen Strukturen haben die Dinge keine spezielle geometrische Anordnung.

III 1. a) Das Symbol

Das einfachste Beispiel einer solchen Struktur ist das Symbol, das aus dem Zusammenfassen von Erinnerungen mit demselben Thema entsteht.

III 1. b) Die Zeit

Ein zweites, einfaches Beispiel ist die bildliche Darstellung der Zeit.

Der größte Teil der Menschen lebt auf der Nordhalbkugel der Erde in Europa, Asien, Nordafrika sowie Nord- und Mittelamerika. Daher sehen die meisten Menschen, daß sich die Sonne von links nach rechts am Himmel entlang bewegt (auf der

Südhalbkugel ist dies andersherum). Daraus ergibt sich, daß auf Bildern links die Vergangenheit ist, in der Mitte die Gegenwart und rechts die Zukunft.

III 1. c)   Die Baumscheiben-Struktur

Eine weitere, recht einfache Struktur findet sich u.a. in Traumreisen.

Eine Traumreise beginnt damit, daß man sich vom Büro des Wachbewußtseins aus zu der Tür zu dem Archiv des Unterbewußtseins wendet und dann in dieses Archiv hineingeht. Dort sucht man dann nach dem, was man finden will.

Wenn man sich die Entwicklung des individuellen Unterbewußtseins vorstellt, ergibt sich das Bild einer Baumscheibe: In der Mitte ist die Seele, die sich inkarniert hat, ganz außen ist das Wachbewußtsein in der Gegenwart, und dazwischen sind die Jahresringe, die sich jeweils aus dem, was schon da gewesen ist, und aus den neuen Erlebnissen gebildet haben. Die Psyche hat natürlich keine Jahresringe, aber der Aufbau in Schichten, die durch die wichtigen Erlebnisse geformt werden, läßt sich durchaus finden.

Dieser Aufbau führt dazu, daß das erste, was man auf einer Traumreise sieht, die jüngste Schicht ist – der äußerste Baumscheiben-Ring. Dann geht man Schicht für Schicht tiefer in die Vergangenheit zurück. Schließlich findet man das, was man gesucht hat.

Diese Dynamik findet sich am ausgeprägtesten, wenn man eine Traumreise zur eigenen Mitte, also zur eigenen Seele, unternimmt.

Dieses Prinzip ist auch aus der psychologischen Therapie und aus der Homöopathie bekannt. In der psychologischen Therapie wird zuerst die jüngste, neueste Schicht eines Themas bewußt, dann die zweitjüngste usw. bis man schließlich zu dem Ursprung des Themas zurückgelangt. In der homöopathischen Therapie wird zunächst das aktuelle Symptom geheilt, woraufhin ein neues Symptom auftaucht, das man vor einigen Jahren gehabt hat, das dann als nächstes geheilt wird – so geht es Symptom um Symptom in die Vergangenheit zurück, bis man schließlich zu der eigentlichen Ursache all dieser Krankheiten gelangt und sie dann heilen kann.

III 2.   Kreisläufe

Eine weit verbreitete Struktur sind Kreisläufe. Sie finden sich als Tageskreis, Jahreskreis, Lebenskreis, Kornzyklus und als die Himmelsrichtungen. Sie werden oft in Mandalas verwendet.

So gut wie alle Kreisläufe sind viergeteilt. Sie lassen sich daher als Analogien zueinander darstellen. In der folgenden Übersicht sind noch einige weitere Themen hinzugefügt worden:

Kreisläufe							
Tag	*Sonne*	*Welt*	*Richtungen*	*Elemente*	*Jahr*	*Leben*	*Getreide*
Morgen	Aufgang	Jenseitstor	Osten	Luft	Frühling	Geburt	Keimen
Mittag	Tag	Diesseits	Süden	Feuer	Sommer	Leben	Wachsen
Abend	Untergang	Jenseitstor	Westen	Wasser	Herbst	Sterben	Ernte
Nacht	Nacht	Jenseits	Norden	Erde	Winter	Tod	Lagern

III 3.   Polarisierungs-Strukturen

Eine weitere Gruppe von Strukturen besteht aus Polarisierungen, die verschiedene Ursachen haben können.

III 3. a)   Ergänzungs-Gegensätze

Einige diese Polaritäten sind Ergänzungs-Gegensätze, die einen heilen, neutralen Charakter haben. Diese Art von Gegensätze sind in den meisten Fällen (aber nicht immer) die beiden Pole eines Kreislaufs:

- Yin und Yang   => Leben
- Diesseits und Jenseits   => Lebenskreis
- Mann und Frau   => Leben erschaffen
- Geburt und Tod   => Lebenskreis
- Tag und Nacht   => Tageskreis
- Morgen und Abend   => Tageskreis
- Sommer und Winter   => Jahreskreis
- Keimen und Ernte   => Vegetationszyklus
- aktiv und passiv   => Pulsieren
- solve et coagula (lösen und binden)   => Schöpfung
- + und -   => Pulsieren

- die astrologische Opposition　　　　　=> Schwingung
　usw.

Es gibt noch andere astrologische Aspekte außer der Opposition, die für das Verstehen von Bildern jedoch nur sehr selten eine Rolle spielen.

Der Ergänzungs-Gegensatz „Mann und Frau" ist ein komplexes Thema, das mehr Facetten hat als nur diesen einfachen Gegensatz. Für die meisten Bild-Betrachtungen genügt jedoch auch hier diese einfache Polarität.

Das Yin/Yang-Prinzip wird in der chinesischen Weltanschauung weiter differenziert, indem aus dem einfachen Yin und dem einfachen Yang die Kombinationen Yin-Yin, Yin-Yang, Yang-Yin und Yang-Yang gebildet werden. Dieser Vorgang wird noch einmal wiederholt, wodurch dann acht dreistufige Differenzierungen entstehen. Durch die Kombination dieser acht Symbole mit sich selber entstehen dann die 64 Hexagramme des „I Ging"-Orakels. Hier ist vor allem das Prinzip der Polarität und der Möglichkeit der zunehmenden Differenzierung wichtig.

Die Polarität im „I Ging"				
Ursprung	*1. Gegensatz*	*1. Stufe*	*2. Stufe*	*3. Stufe*
1 Tao	2 Prinzipien (Yin und Yang)	4 Symbole	8 Trigramme	64 Hexagramme

III 3. b)　Extrem-Polarisierungen

Andere Polaritäten sind polarisierte Verzerrungen eines heilen Zustandes, der verloren gegangen ist:

- Ideal und Schatten
- Süchtiger und Asket
- Täter und Opfer
- Star und Fan
　usw.

III 4.　Das „3"-Prinzip

Über das Prinzip der „3" ließe sich mühelos ein ziemlich dickes Buch schreiben. Die dreigeteilte Struktur, die hier betrachtet wird, ist nicht Hegels „These, Antithese und Synthese" und auch nicht Steiners „Dreigliederung", sondern das Prinzip „Ausgangspunkt – Entwicklung – Endpunkt".

Abgesehen davon, daß diese Struktur an sich schon an vielen Stellen auftaucht, gibt es auch einige ausgefeiltere Systeme, die auf dieser Symbolik der „3" beruhen.

III 4. a)   Der Vajra

Die drei Stufen des Vajra, die sich u.a. im Chakrensystem und im Aufbau des Umraumes einer Sonne finden, sind schon grob skizziert worden.

Bei ihnen hat sich das grundlegende System „Zentrum – Entfaltung – Umraum" eine Stufe weiter differenziert, in dem die „Entfaltung" sich wieder in drei Stufen aufgeteilt hat.

			Die Vajra-Struktur		
Bereich	*Qualität*	*Chakren*	*Sonne*	*Vajra*
Zentrum	Zentrum	Herzchakra	Sonne (strahlt Photonen und Ionen aus)	Kugel
1. Phase	Impuls	Halschakra Sonnengeflecht	Sonnenwind (Bereich, in dem die Photonen und Ionen ungehindert fliegen)	Lotus
2. Phase	Struktur	Drittes Auge Hara	Stoßfront (Bereich, in dem die Ionen mit dem Sternenstaub im Umraum zusammenstoßen)	Elefantenkopf
3. Phase	Kontakt	Scheitelchakra Wurzelchakra	Bugwelle (Welle vor der Stoßfront im Sternenstaub)	Elefantenrüssel
Umraum	Umraum	Umraum (Aura)	Umraum (Sternenstaub im Umraum)	Umraum

III 4. b)   Der Lebensbaum

Der kabbalistische Lebensbaum ist die Struktur, bei dem dieser „Dreischritt" am differenziertesten dargestellt wird. Jeder der drei Entwicklungschritte, die sich in den eben dargestellten Systemen finden, wird hier noch einmal in drei Unterschritte differenziert:

Die Herleitung des Lebensbaumes			
Entwicklung	1. Differenzierung	2. Differenzierung	übliche Darstellung
Ursprung	Ursprung	Ursprung	
Entwicklung	Entwicklung-Phase 1	Entwicklung-Phase 1.1	
		Entwicklung-Phase 1.2	
		Entwicklung-Phase 1.3	
	Entwicklung-Phase 2	Entwicklung-Phase 2.1	
		Entwicklung-Phase 2.2	
		Entwicklung-Phase 2.3	
	Entwicklung-Phase 3	Entwicklung-Phase 3.1	
		Entwicklung-Phase 3.2	
		Entwicklung-Phase 3.3	
Endzustand	Endzustand	Endzustand	

Für das Verständnis der Bilder ist der Lebensbaum nur sehr selten notwendig – wichtiger ist das Prinzip des „Dreischritts", aus dem er hergeleitet worden ist.

III 4. c) Das Ba-Gua

Das Ba-Gua aus dem chinesischen Feng-Shui ist eine einfache Differenzierung des Dreischritts in neun Bereiche. Sie sind in einem Quadrat angeordnet und stellen die Qualitäten einer Fläche dar. Bei der Darstellung befindet sich am unteren Rand der Eingang o.ä. zu dieser Fläche. Diese Fläche kann ein Grundstück, ein Haus, ein Garten, eine Tempelanlage, ein einzelnes Zimmer, ein Bild usw. sein.

Die Qualitäten des Ba-Gua sind von dem Tao in der Mitte und den acht Trigrammen des I Ging um das Tao herum abgeleitet worden.

Ba-Gua		
Trigramm: Wind Ba Gua: <u>Reichtum</u>	Trigramm: Feuer Ba Gua: <u>Ruhm</u>	Trigramm: Erde Ba Gua: <u>Liebe</u>
Trigramm: Donner Ba Gua: <u>Familie</u>	Ursprung: Tao Ba Gua: <u>Gesundheit</u>	Trigramm: See Ba Gua: <u>Kinder</u>
Trigramm: Berg Ba Gua: <u>Wissen</u>	Trigramm: Wasser Ba Gua: <u>Beruf</u>	Trigramm: Himmel Ba Gua: <u>Freunde</u>

III 4. d)   Das Vastu-Purusha

In Indien gibt es dieselbe Struktur unter dem Namen „Vastu Purusha", der „Natur des Urmenschen" bedeutet. Da bei diesem Diagramm die neun Felder noch einmal jeweils in ein Ba-Gua von neun Feldern weiter differenziert werden, entsteht eine Struktur von 81 Feldern.

III 4. e)   Die neun Orte eines Bildes

Die Struktur des Ba-Gua und des Purusha läßt sich auf einfache Weise herleiten, die den Charakter der neun Felder leicht faßbar macht.

Man kann jede Fläche in drei Streifen und in drei Spalten unterteilen, die eine einfache Bedeutung haben, aus der sich dann die Bedeutung der neun Felder ergibt:

Die Herleitung der Bedeutung der neun Felder									
Streifen			*Spalten*				*Felder*		
viel Energie			Vergan-genheit	Gegen-wart	Zu-kunft		Hilfe	Ruhm	Ideal
Energie							Herkunft	Thema	Zukunft
wenig Energie							Wissen	Beruf	Ruhe

Links unten ist wenig Energie in der Vergangenheit: ein Ausgangspunkt, Arbeit, Streben, Lernen, Wissen, Üben.

Links in der Mitte ist ein mittleres Energieniveau: die eigene Herkunft, die Herkunftsfamilie.

Links oben ist viel Energie in der Vergangenheit, die in die Gegenwart kommt: ein Helfer.

In der Mitte unten ist wenig Energie in der Gegenwart: das Fundament, der Beruf, der Besitz, der Fleiß.

In dem Feld im Zentrum ist die Essenz des Ganzen, das Thema: die Seele, der Selbstausdruck, das Vorhaben.

In der Mitte oben ist viel Energie in der Gegenwart: die Krönung, der eigene Ruf in der Öffentlichkeit, der eigene Einfluß auf die Welt.

Rechts unten ist wenig Energie in der Zukunft: Ausruhen, Entspannung, Resignation, Ende.

Rechts in der Mitte ist mittlere Energie in der Zukunft: die eigenen Kinder, die eigene Familie, das schöpferische Tun.

Rechts oben ist viel Energie in der Zukunft: das Ideal, das Ziel, der Wunschtraum, Liebe, Beziehungen.

Die Anwendung dieses Schemas wird in der zweiten Hälfte dieses Buches anhand von Beispielen verdeutlicht.

IV   Bilder im Menschen

Es gibt verschiedene Arten von Bildern im Menschen: beständige, unbeständige, von außen kommende, selbsterschaffene, verborgene, hilfreiche, krankmachende usw.

IV 1.   beständige Bilder

Mit „beständige Bilder" sind Bilder gemeint, die sich nicht oder nur sehr langsam ändern. Zu diesen Bildern zählen die eigene Seele, das Krafttier, die Kraftpflanze und der Kraftstein sowie auf eine etwas abstraktere Weise auch noch das eigene Horoskop. Auch die eigene Schutzgottheit, also die Gottheit, von dessen „Meer" die eigene Seele ein „Tropfen" ist, gehört zu diesen beständigen Bildern.

Manchmal tauchen mit der Seele auch noch zwei Begleiter auf, die wie ihre Geschwister wirken – wenn das Bild der Seele ein Geschlecht hat, haben diese beiden Begleiter das andere Geschlecht.

Ein nicht ganz so konstantes Motiv ist das Bild des eigenen Körpers, das sehr oft als Haus erscheint. Dabei ist der Keller der Unterleib mit dem Wurzelchakra, der erste Stock der Bauch mit Hara und Sonnengeflecht, das Wohnzimmer die Brust mit dem Herzchakra, das obere Stockwerk der Kopf mit dem Halschakra und dem Dritten Auge sowie das Dachgeschoß das Scheitelchakra. Die Treppe in diesem Haus ist die Sushumna, also der „Lebenskraft-Kanal", in dem die Kundalini aufsteigt.

IV 2.   wandelbare Bilder

Die wandelbaren Bilder bestehen aus den Erinnerungen an die eigenen Erlebnisse – entsprechend entwickeln sie sich ständig weiter.

Man kann diese Bilder auch nach ihre Tiefe, ihrem Alter und ihrer Allgemeingültigkeit nach ordnen:

- allgemeine Menschen-Bilder (Urbilder)
- Volks-Bilder (regionale Urbilder)
- Sippen-Bilder (Sippen-Schicksal)
- Familien-Bilder (Familien-Tradition)
- eigene allgemeine Bilder (Seele, Krafttier u.ä.)
- eigene wandelbare Bilder (Träume)

- eigene Augenblicks-Bilder (Wahrnehmungen)

Die allgemeinen Bilder in diese Liste wie z.B. die Urbilder der Mutter, der Geburt, des Todes, des Kindes, des Sex, der Sonne usw. sind ziemlich beständig, auch wenn sie sich allmählich weiterentwickeln.

Die persönlichen Bilder werden hingegen durch jedes Erlebnis ergänzt und weiterentwickelt. Diese Bilder kann man am einfachsten durch das Führen eines Traumtagebuches kennenlernen.

IV 3.   selber erschaffene Bilder

Es gibt auch Bilder, die man in sich selber erschaffen kann. Dazu gehört z.B. die Benutzung von Symbolen in der Meditation, auf Traumreisen, in der Magie, bei der Hypnose, in Ritualen und im Kult.

Diese Symbole sind oft traditionelle Symbole, d.h. sie sind im kollektiven Unterbewußtsein bereits vorhanden. Andere Symbole wie z.B. die Sigillen in der Sigillen-Magie, werden neu erschaffen.

Durch die Verwendung dieser selbst ausgewählten Bilder fügt man sie seinem Unterbewußtsein („Archiv") aktiv hinzu.

IV 4.   Die Entdeckung von verborgenen Bildern

Es gibt auch verborgene oder zumindestens dem Wachbewußtsein unbekannte Bilder. Diese Bilder und Bild-Strukturen kann man durch die eigenen Träume, durch Traumreisen, durch Familienaufstellungen und durch Visionen kennenlernen.

Eine spezielle Form des verborgenen Bildes ist das Trauma. Dabei handelt es sich um die Erinnerung an ein existentiell bedrohliches Erlebnis, in dem noch die damaligen Gefühle gefangen sind, weil sie nie durch Schreien, Weinen, Zittern u.ä. abreagiert werden konnten. Die Trauma-Bilder sind sozusagen noch immer randvoll mit Adrenalin angefüllt. Daher ist der Umgang mit ihnen schwierig und manchmal sind sie auch nur schwer zu erkennen.

IV 5.   Die Entwicklung von Bildern

Die individuellen Bilder im Unterbwußtsein entwickeln sich durch die eigenen Er-lebnisse weiter – die allgemeinen Bilder im kollektiven Unterbewußtsein entwickeln sich durch die Ereignisse und Neuerungen in der Menschheits-Geschichte weiter. Da-her ist es manchmal notwendig, sich die Entwicklung der allgemeine Bilder, also der Urbilder, etwas genauer anzuschauen, um ein individuelles Motiv zu verstehen, das mit diesem Urbild zusammenhängt.

IV 6.   Im Widerspruch zu den Bilder stehen

Manchmal steht man selber im Widerspruch zu den Bildern, die man in seinem Unterbewußtsein trägt – das kann zu einem ernsthaften Problem werden, weil dann das Büro des Wachbewußtseins nicht mehr effektiv mit dem Archiv des Unterbewußt-seins zusammenarbeiten kann. Oft liegt das Problem ganz schlicht darin, daß man sich selber nicht so sehen will, wie man ist. Das führt dann dazu, daß man Dinge tut, die einem nicht gut tun, bzw. Dinge unterläßt, die einem gut tun würden.

Zunächst einmal wirken solche Abweichungen von den inneren Bildern auf die Psy-che, d.h. man wird aggressiv, depressiv u.ä. – das, was man eigentlich bräuchte, erhält man nicht.

Im Außen zeigen sich diese Abweichungen von der inneren Wahrheit darin, daß man immer wieder Fehlschläge erlebt – hinter dem „falschen Weg" steckt nicht ausreichend Kraft und zudem wird das Gehen auf diesem Weg durch den inneren Widerspruch behindert. Man erlebt immer wieder Fehlschläge.

Wenn man zu lange mit seinem Verhalten von den eigenen inneren Bildern ab-weicht, setzt sich die Wirkung der „falschen Handlungen" über die Emotionen bis in den Körper hinein fort und man wird krank. Anhand der Art der Krankheit kann man erkennen, welche Ursache diese Krankheit hat.

Es gibt auch eine Vielfalt an Warnungen, die das Archiv in das Büro schickt, wenn die bewußten Entscheidungen nicht mehr in Übereinstimmung mit den Bildern im Unterbewußtsein sind: Erschöpfung, Mißmutigkeit, Burnout, Fehlschläge, Alpträume, Ohnmachten, Krankheiten, Verletzungen usw.

Es ist sinnvoll, auf derartige Warnungen zu achten, bevor die Probleme noch größer werden …

IV 7. Die Heilung von Bildern

Für das Heilen von Bildern muß man sie zunächst erst einmal kennen. Dafür sind Traumtagebücher und Traumreisen ausgesprochen nützlich. Auch die Betrachtung der eigenen Krankheitsgschichte kann sehr aufschlußreich sein. Eine sehr gründliche Methode, um sich die eigenen Probleme bewußt zu machen, ist die Erweckung der eigenen Kundalini – wenn die Lebenskraft in einem wieder frei zu fließen versucht, stößt sie gegen alle inneren Blockaden und macht sie einem dadurch bewußt …

Bei der Abweichung des eigenen bewußt gesteuerten Verhaltens von den inneren Bildern, die das eigene, eigentliche Wesen ausdrücken, entsteht so gut wie immer eine Polarisierung in zwei Extreme: Süchtiger und Asket, Täter und Opfer sowie Star und Fan.

Das eine Bild dieser drei Bilder-Paare ist das eigene Ideal und das andere der eigene Schatten. Auch die Projektion des Schatten-Bildes auf einen anderen Menschen ist ein Problem bei der Heilung – es ist nicht leicht zu erkennen, daß der andere (der einem das Leben schwer macht) einen Teil der eigenen Psyche für das gemeinsame Schauspiel inszeniert.

Bei der Heilung muß diese krankhafte Polarisierung aufgelöst und die ursprüngliche, heile Qualität wiedergefunden werden, also Fülle, Kraft und Selbstliebe.

Es gibt einige Hilfsmittel bei der Heilung: Traumauflösungen, Familienaufstellungen, das Prinzip „schauen, fühlen, umarmen" und als unterstützende Maßnahme auch die Imagination des heilen Zustandes. Eine weitere begleitende Hilfsmaßnahme kann das Singen und das Tanzen sein, da dabei der Lebenskraftkörper zu schwingen beginnt und die inneren Bilder wieder an ihren richtigen Platz rutschen können. Diese Wirkung haben nicht nur Tänze und Gesänge (Chants), sondern teilweise auch Mantren.

IV 8. Im Einklang mit den Bilder stehen

Das Ziel ist, im Einklang mit den eigenen inneren Bildern zu stehen. Die Wurzeln dieser Bilder, also die Seele, das Krafttier, das Horoskop u.ä. lassen sich nicht ändern – sie drücken das aus, was man ist. Daher sind nur die vom Wachbewußtsein beschlossenen Handlungen effektiv, die mit diesen Bildern im Einklang stehen.

Die Handlungen, die diesen Einklang erreicht haben, sind mühelos und zum anderen äußerst effektiv. Auch die Magie ist letztlich ein „im Einklang mit sich selber handeln". Wenn man das tut, braucht man für die Magie keine Rituale mehr – es reicht völlig aus, sich eines Wunsches bewußt zu werden, damit seine Erfüllung schon in Gang kommt.

Dieser innere Einklang ist z.B. auch die Grundlage des Zen-Bogenschießens: Man trifft dabei sogar auch Dinge, die man nicht einmal sehen kann – weil der Einklang der Handlungen mit den inneren Bildern dazu führt, daß auch Telepathie und Telekinese mühelos fließen und die eigenen Handlungen unterstützen.

Durch diesen Einklang erreicht man schließlich die eigentliche Magie: man tut einfach das Unmögliche.

IV 9. Bilder in der Welt

Die Telepathie und die Telekinese sind die „Fasern", aus denen sich das kollektive Unterbewußtsein zusammensetzt. Sie verbinden alle Dinge miteinander – so wie auch die Kausalität alle Dinge miteinander verbindet.

Dadurch wird nicht nur die Magie möglich, sondern z.B. auch die Homöopathie, die Omen, die Orakel, das Feng Shui, das Vorhersehen der Zukunft und viele andere Dinge mehr.

V   Beispiele

Nachdem nun zumindestens ein großer Teil der Eigenschaften der inneren Bilder beschrieben worden ist, können diese Prinzipien nun anhand von Beispielen beschrieben werden. Diese Beispiel stammen aus den verschiedensten Bereichen, damit die große Bedeutung dieser Bildersprache deutlich wird.

V 1.   Träume

Die folgenden Traum-Beispiele stammen bis auf die letzen vier Träume alle von mir selber und können daher (abgesehen von den letzten vier) auch zusammen betrachtet werden.

V 1. a)   Die „ägyptische Regel"

Die Ägypter waren der Ansicht, daß man, wenn man den Traum eines Menschen deuten will, zuerst wissen muß, welche Gottheit er in seinem Herzen trägt, d.h. zu welcher Gottheit seine Seele gehört. Für den kriegerischen Horus bedeutet ein Streit etwas anderes als für die Hebammen-Göttin Thoeris …

Man kann auch berücksichtigen, welches Horoskop der Betreffende hat, um einen Traum einordnen zu können. So habe ich z.B. ein Saturn-Pluto-Quadrat, wobei der Saturn im 2. Haus (Wohnung) und der Pluto im 10. Haus (Öffentlichkeit, Autorität) steht – meine Eltern (10. Haus) haben mich als Klienkind für ein Jahr zu meinen Großeltern (anderes Haus) geschickt, was sich auch in manchen meiner Träume zeigt.

Heute würde man diese „ägyptische Regel" vermutlich als „kontextuelle Deutung" bezeichnen.

V 1. b) Esel-Traum

Mit vier Jahren habe ich geträumt, ich sei ein Esel und lebe auf einer Weide. Ich werde von jemandem abgeholt und auf eine andere Weide gebracht.

Der Umzug auf eine andere Weide ist eine Erinnerung dran, daß ich als kleines Kind für ein Jahr bei seinen Großeltern gelebt habe.

Der Esel ist ein Nutztier – aber ein störrisches. Das könnte ein Hinweis darauf sein, daß ich mich zwar brav verhalten habe, aber eigentlich wütend gewesen bin – was ziemlich sicher zugetroffen hat.

V 1. c) Feuer-Traum

Mit fünf Jahren habe ich des öfteren geträumt, daß das Haus meiner Eltern abbrennt und meine Großmutter mich aus dem brennenden Zimmer rettet.

Das brennende Elternhaus ist ein Haltverlust – und ich habe bei meiner Großmutter Halt gefunden.

V 1. d) Oger-Traum

Mit 29 Jahren habe ich geträumt, in einem kleinen Segelschiff auf eine bergige Küste zuzusegeln – es sieht wie in Süditalien oder in Griechenland aus. Ich steige den Küstenhang empor und treffe einen Oger – ein Mittelding aus Neandertaler und Menschenfresser.
Der Oger nimmt mich mit in eine halbkugelförmige Hütte. Dort werde ich von dem Oger in Stücke geschnitten und in einen Kessel über einem Feuer geworfen. Dann zerschneidet der Oger auch sich selber und wirft sich ebenfalls in den Kessel (in dem Traum ist das möglich).
Der Oger und ich verbinden sich in der „Suppe" in dem Kessel zu einem Wesen, das vollständiger ist als nur der Oger oder nur ich.

In diesem Traum habe ich die Integration meines Schattens erlebt, also meiner verdrängten Aggression.
Obwohl hier die Schwitzhütte, der Kessel und ein skythisches Kannibalismus-Ritual auftauchen, waren mir diese Symboliken damals noch völlig unbekannt.
Das Fahren mit dem Schiff symbolisiert die Reise zu einem fernen Ort – zu der anderen Seite der Psyche.

V 1. e) Isolations-Traum

Ich war in einer Wohnung, die einen ganz anderen Zuschnitt hatte als meine heutige Wohnung – sie lag aber ungefähr an derselben Stelle, also hier in diesem Haus in Alfter.

Vor meinem Fenster auf dem Bürgersteig standen der Mann hier aus dem Haus, den ich sehr sympathisch finde, und eine Frau hier aus dem Haus, die ich sowohl sehr sympathisch als auch sehr interessant finde – wobei ich mit der Frau noch nicht viel geredet habe. Die beiden standen da Hand in Hand, wobei das real nicht vorkommt – zumindestens habe ich die beiden noch nicht zusammen gesehen – beide haben auch einen anderen Beziehungspartner.

Als ich das gesehen habe, kamen in mir starke Gefühle hoch von Ausgeschlossensein und Nicht-Dazugehören – und ich hab mich weiter nach hinten in mein Zimmer zurückgezogen, damit die beiden mich nicht sehen konnten.

Dieser Traum zeigt das Gefühl des Ausgeschlossenseins ziemlich direkt, sodaß es hier nichts zu „übersetzen" gibt.

V 1. f) Berg-Traum

Ich bin durch eine Gegend mit vielen alten, nicht sehr hohen Bergen gewandert, in der ich im Traum des öfteren mal bin. Bisher begann diese Traum-Wanderung immer am Mittelrhein und endete schließlich in Italien oder Portugal im Meer. Diesmal bin ich jedoch sozusagen rückwärts vom Gebirge aus Richtung Rhein gewandert.

Der Traum begann mit dem Verlassenheitsgefühl und einer Resignation, doch dann kam ein Autofahrer mit Wohnwagen-Anhänger und fuhr neben mir ein stückweit ganz langsam und blickte fragend zu mir rüber und hat mir angeboten, mich mitzunehmen. Ich bin jedoch weitergewandert, obwohl mir der Mann sympathisch war.

Kurze Zeit später bin ich in einem Dorf gewesen, in dem die Häuser so gebaut waren, daß man nicht wußte, wo die Straße aufhört und wo die Häuser anfingen – ein fließender Übergang von Bürgersteig über Flure zu Wohnzimmern. Dadurch bin ich in das Wohnzimmer einer Familie geraten, wo mich die Kinder gefragt haben, ob ich mich verlaufen habe. Dann haben sie mir geholfen, wieder zu meinem Weg zurückzufinden.

Schließlich habe ich ein Stück weiter auf einer niedrigen Mauer am Straßenrand gesessen und mich ausgeruht. Da kam meine Ex-Frau vorbei und war ganz freundlich und hat mir über die Haare gestreichelt.

In diesem Traum hatte ich zwar anfangs das Gefühl von Verlassenheit und Aus-geschlossensein, aber der Traum hat mir dann gezeigt, daß das so nicht so recht stimmt. Der fließende Übergang von Wohnzimmer zu Bürgersteig ist eine Auflösung der Hemmschwelle, Kontakt aufzunehmen.

V 1. g) Messer-Traum

Ich habe geträumt, daß ich liege und mir ein halb asiatisch aussehender Mann ein Messer in den Rücken sticht.

Ich vermute, daß ich komisch gelegen habe und dieser Traum durch den dabei entstandenen Schmerz in meinem Rücken ausgelöst worden ist, den ich auch am Tag zuvor einmal bei einer komischen Bewegung gespürt habe. Das halb asiatische Ge-sicht wird aus einem Filmausschnitt stammen, den ich am Abend zuvor bei youtube gesehen habe (Kwai Chang Caine aus „Kung Fu"). Soweit hat dieser Traum keine tieferen Wurzeln.

Ich habe mich jedoch im Traum gegen diesen Mann gewehrt, mit ihm gerungen und ihm schließlich das Messer abnehmen und ihn vertreiben können. Das ist, soweit ich mich erinnern kann, ein völlig neues Motiv in meinen Träumen – daß ich mich erfolg-reich gegen einen Angreifer wehre. Sehr erfreulich!

V 1. h) Mord-Traum

Ich habe geträumt, erschossen worden zu sein und bin davon aufgewacht. Es war irgendeine Organisation o.ä. Ich habe versucht, mich vor ihr zu verbergen und unscheinbar zu tun, aber das hat nicht geklappt – es war ein Schuß in meine Stirn.

„Organisation" klingt nach 10. Haus des Horoskops – da habe ich gleich fünf Plane-ten … Auf jeden Fall scheint es eine Organisation zu geben, die nicht will, daß ich so bin, wie ich bin – was auch immer das Bild dieser „Organisation" enthalten haben mag.

Dann sieht das so aus, als ob ich mich auch nicht trauen würde, mich zu zeigen, wie ich bin – offenbar aus Todesangst.

Der Schuß ging in meine Stirn – bezieht sich das auf meine Drittes Auge, also auf meine Orientierung in der Welt … und evtl. auch auf meine Anpassung an die Welt?

Wer oder was ist diese „Organisation", die Macht über mein Leben hat und der ich mich offenbar unterordne – jedoch erfolglos?

Der Mord in dem Traum geschah in einem Haus und es sind vorher schon andere Menschen getötet worden. „Haus" ist 2. Haus – dort steht mein Saturn. Wenn das relevant sein sollte, müßte die „Organisation" mein Pluto sein, der ein Quadrat zu meinem Saturn hat. Und mein Mars, der ein Trigon zu meinem Saturn hat und daher „im Haus" ist, fürchtet mein Pluto/Neptun-Sextil, da er zu beiden Planeten ein Quincunx hat.

Letztlich heißt das dann, daß mein Mars durch Todesangst blockiert ist …

Um den Traum besser zu verstehen, habe ich eine Traumreise zu dem Mörder aus dem Traum unternommen:

„Hallo Mörder aus meinem Traum – warum hast Du mich erschossen?"
„Damit Du nichts falsch machst."
„Warum erschießen und nicht vergiften oder erhängen?"
„Weil es um Kraft geht – deshalb ist auch der Mord eine Kraft-Tat."
„Klingt logisch. Was hätte ich denn falsch machen können?"
„Sex."
„Hm – da besteht ja aktuell keine allzugroße 'Gefahr' … mangels Partner … Warum gerade jetzt dieser Mord?"
„Du bewegst Dich zu viel."
„Was?"
„Dein Feuer. Deine Kundalini. Dein Egoismus."
„Wer in mir findet das denn bedrohlich?"
„Du wirst dann verlassen werden."
„Das klingt nach einem alten Muster, denn wer sollte mich denn gerade verlassen können, wenn doch niemand da ist?"
„Vorbeugung."
„Hm … verstehe … und wer in mir ist das, der meine Kraft ermorden will?"
„Liebstöckl."
„Hä? … Liebstöckl hat einige Namen wie 'Liebeskraut' (im Englischen) – ist der 'Liebesstock' der Penis? Das Kraut wirkt verdauungsfördernd und reinigend, gegen Blähungen, Harnwegsentzündungen und gegen Nierengrieß … es fördert offenbar die Abgrenzung, das Rauswerfen von dem, was nicht mehr gebraucht wird … Gibt es da etwas in mir, was fürchtet, ich könnte lernen besser 'Nein' sagen zu können?"
„Ja."
„Warum?"
„Weil Du dann verlassen werden wirst."
„Aber ich bin doch schon verlassen und ich ziehe mich schon selber zurück … was natürlich das Thema als solches bestätigt – man tut ja des öfteren freiwillig das, was

man fürchtet, um das, was man fürchtet, zu verhindern ... Macht das Morden Spaß?"
„Nein."
„Hast Du Lust, mit mir zusammen nach Alternativen zu suchen?"
„Ja."

<u>V 1. i) Wald-Traum</u>

Ich war in Bad Godesberg, wo ich aufgewachsen bin. Ich habe in zwei Metzgereien nach etwas zu essen gesucht – sie hatten noch offen, obwohl schon Ladenschluß war. In einem Kiosk habe ich ein Brötchen mit Brie und Salami drauf bekommen.

Ich bin von einer Sackgasse aus, in der die Freundin meiner ältesten Schwester wohnte, in den Wald am Schwarzen Berg gegangen – einen Pfad, den ich real noch nie gegangen bin. Dort habe ich den Sohn meiner letzten Freundin getroffen – wir zwei mochten uns sehr. Wir haben ein Felsplateau entdeckt, auf das wir hochgestiegen sind.

Wir sind durch den Wald zu dem Haus meiner Eltern gekommen. Dort war ein Mann, der gesagt hat, daß er einen Schrank aus wertvollem Kirschbaumholz hierher geholt hat. Aus dem Haus ist Marion (?) ausgezogen, die ich in der Realität sehr vermisse. Sie war irgendwie mit meiner Mutter assoziiert. Sie ist ein paar Häuser weiter in die nächste Querstraße gezogen – in das Haus, in dem mein erster Freund (1./2. Schuljahr) bei einer Ganztages-Mutter gelebt hat.

Ich bin mit der Tochter von Marion dorthin gegangen – wir zwei mögen uns auch gern und haben oft zusammen gespielt. Jörg ist da auch mitgegangen. Jörg und Marions Tochter sind in das Haus gegangen, aber ich bin draußen auf einem Hügel sitzengeblieben, weil ich befürchtet habe, daß ich stören könnte.

Ich bin in Godesberg – ein Kindheits-Thema.

Ich will Fleisch essen – ich brauche Kraft, Durchsetzungskraft.

Ich finde ein Wurst/Brie-Brötchen – Käse hat etwas Mütterlich-Geborgenes, da er aus Milch hergestellt wird. Zudem ist Brie „weicher Käse".

Ich gehe durch eine ungewohnte Sackgasse – neue Wege …

Ich gehe in den Wald – der Bereich der Lebenskraft.

Der Wald am Schwarzen Berg ist (auch in der Realität) bedrohlich und düster – ich wage mich in unbekanntes Gelände.

Ich treffe den Sohn meiner letzten Freundin – ich beschütze jemanden … oder bin ich das selber als kleiner Harry? Vermutlich beides …

Wir finden ein Felsplateau (das in Wirklichkeit nicht dort ist) – feste Grundlage, Weitblick, Klarheit …

Das Felsplateau war jedoch nicht öffentliches, sondern privates Gelände – eigentlich durften wir da nicht sein, wir tun also etwas halb-Verbotenes.

Wir kommen zum Haus meiner Eltern – ein Kindheits-Thema.

Ein Mann bringt einen Kirschholz-Schrank – Kirschholz ist kostbar, ein Schrank bewahrt etwas auf, Mann = Vater?; bringt mein Vater uns oder mir etwas Wertvolles?

Marion kommt aus dem Haus bzw. ich weiß, daß sie das Haus verlassen hat – Verlassenheits-Trauma; die Freundin ist meiner Mutter gleichgesetzt … (Marion ist aus Alfter fortgezogen).

Das Haus meines Schulfreundes, der bei einer Art „Großmutter" gelebt hat, da die Mutter Alleinerziehende war (sie hat 10km entfernt gewohnt und ihr Kind ab und zu gesehen) – eine Analogie zu meinem Jahr bei meinen Großeltern im Alter von 1,5 – 2,5 Jahren.

Marion zieht dorthin – ich habe sie auch meiner Großmutter gleichgesetzt.

Ich begleite Marions Tochter zu ihrer neuen Wohnung – um Marion zu sehen?

Jörg begleitet mich dorthin – ist das der „erfolgreiche Mann", der „Mann der Frau, der ich gerne nah wäre"? Dann wäre er eine Mischung aus meinem Vater und meiner ältesten Schwester und den eher dominanten Männern, mit denen die Frauen fast immer zusammen sind, mit denen ich befreundet bin.

Jörg geht mit Marions Tochter zu Marion ins Haus – er hat den Kontakt, den ich nicht habe …

Ich bleibe draußen sitzen, weil ich fürchte, lästig oder aufdringlich zu sein – das ist meine Überlebensstrategie … und da ich fast nur mit Frauen zu tun gehabt habe, die vergewaltigt worden sind, wird Initiative von mir oft vehement abgelehnt oder als massive Verletzung empfunden – inzwischen ist meine Zurückhaltung und meine Befürchtung zu stören, vermutlich selber zu einem Problem in Begegnungen geworden …

Offensichtlich suche ich noch immer nach der Geborgenheit bei meiner Mutter und bei meiner Großmutter. Und diese Geborgenheits-Suche vermische ich offenbar mit meinen Beziehungen, wo man diese Qualität schließlich nicht finden kann – eine Beziehung ist etwas anderes als ein Kind-Mutter-Verhältnis …

V 1. j) Zauberer-Traum

Ich habe geträumt, erst bei einem Zauberer und anschließend bei einer Zauberin gewesen zu sein, die mich beraten haben – der Rat der Zauberin paßte besser zu mir. Leider erinnere ich mich nicht mehr daran, was die beiden mir gesagt haben.

Es sieht so aus, als ob ich eine neue Art von Traum dazubekommen habe: ein weiser Mensch, der mir hilft. Offensichtlich verändert sich da in meiner Psyche etwas Grundlegendes.

V 1. k) Spock-Traum

Mr. Spock liegt tot auf einer Art Tisch aufgebahrt. Ein gesichtsloser Mann, der in der Nähe des Fußendes dieses Tisches steht, hat ihn getötet. Captain Kirk kommt in das Zimmer und erkennt die Situation. Der Mann ist mit einem Säbel bewaffnet. Kirk nimmt den Säbel, der links neben Spock auf der Bahre liegt, und sagt zu dem toten Spock: „Du erlaubst?" Kirk und der Mann kämpfen. Schließlich tötet Kirk den Mann, indem er ihm beide Füße abschlägt. Dadurch fällt irgendetwas aus Spock heraus, sodaß er wieder lebendig wird.

Ich bin in der Schule eine zeitlang wegen meiner Art zu denken „Spock" genannt worden. Ich nehme daher an, daß ich in dem Traum vor allem Spock bin – auch wenn natürlich alle Traum-Motive Teil von mir selber sind.

Das Abschlagen der Füße kenne ich von der germanische Tyr-Mythe: Dem Sommergott Tyr wurden im Herbst von dem Wintergott Loki Füße, Hände und Kopf abgeschlagen – von der Mythe gibt es auch andere Variante, bei der z.B. nur eine Hand abgeschlagen wird. Der Säbel neben Spock wird daher das Schwert des Tyr sein. Ich habe eine recht enge Verbindung zu Tyr – er und sein Nachfolger Baldur sind die germanische Entsprechung zu meiner Schutzgottheit Osiris.

Die „Wiedergeburt" des Spock erinnert an mein Lieblingsmärchen „Schneewittchen", in dem Schneewittchen wieder erwacht, als ihm der giftige Apfelbissen aus dem Hals fällt. Schneewittchen ist eine Märchen-Variante der Wiedergeburtsgöttin Freya.

Es geht in diesem Traum offenbar um eine Wiedergeburt. Die Wiedergeburt wird nicht wie in „Schneewittchen" durch das Stolpern eines Sargträgers, sondern durch den Sieg des Kirk gegen den gesichtslosen Mann bewirkt. Auch bei den Germanen siegt Tyr im Frühjahr gegen Loki.

Kirk scheint der siegreiche Tyr zu sein. Ist er meine Kraft, mein Kampfgeist, meine Konfliktbereitschaft? … Mein Wollen?

Spock ist anscheinend der weitestgehend emotionslose Verstand – der beobachtende und nichts wollende „Forscher-Harry"? Dann würde dieser Traum die Integration des Wollens und des Kämpfens in mich darstellen.

Wer ist der gesichtslose Mann, der Spock getötet hat? Da ich ihn kaum sehen kann, kann ich da nicht viel sagen – also habe ich ihn mithilfe einer Traumreise gefragt:

„Hallo gesichtsloser Mann aus meinem Traum – wer bist Du?“

„Du.“

„Welcher Teil von mir?“

„Deine Angst.“

„Meine Angst wovor?“

„Vor Dir, vor Deiner Kraft.“

„Soweit habe ich das schon aus dem Traum heraus erkannt. Kannst Du mir noch etwas sagen, was mir noch nicht bewußt ist?“

„Nein, denn darum geht es nicht.“

„Worum geht es?“

„Um Deine Kraft. Integriere sie.“

„Wie?“

„Tun.“

„Was?“

„Das, wozu Du Lust hast.“

„Egal was? Komponieren, Sex, Wandern, was auch immer? Oder gibt es etwas Wichtiges?“

„Alles, was mit anderen Menschen zu tun hat.“

„Also 'in mir Ruhen', Sex, Abgrenzung, Liebe, Gespräche, Kontakt aufnehmen u.ä.?“

„Ja – vor allem das furchtlose Nein-Sagen.“

„Keine Furcht vor dem Verlassenwerden?“

„Ja, und keine Furcht vor der Heimatlosigkeit und dem Verhungern – aber die hast Du ja schon geheilt.“

„Gibt es einen konkreten Schritt, den ich tun könnte, damit diese Integration weiter gefördert wird?“

„Sei nicht moralisch. Denke nicht zu viel an das, was sein könnte. Folge der Lust.“

„Hm ... ist das nicht einseitig?“

„Du bist jetzt einseitig – durch diese Dinge kommst Du wieder mehr ins Lot.“

„Hm, ja, das kann man so sehen, das verstehe ich. ... Gibt es noch etwas, was Du mir dazu sagen könntest?“

„Nein – nicht jetzt.“

„Danke.“

„Bitte.“

„Ho!“

V 1. l) England-Traum

Ich gehe durch eine englische Kleinstadt, die hauptsächlich aus einer Hauptstraße besteht – vermutlich im nördlichen Mittelengland. Die Platte „Abbey Road" von den Beatles, die gerade erschienen ist, ist zu hören – es muß also 1969 sein, da diese Platte am 26.9.1969 erschienen ist.

Ich sehe das Wort „Maxwell", daß sich vermutlich auf das dritte Lied dieser Platte mit dem Titel „Maxwell's Silver Hammer" bezieht, in der der Student Maxwell beschrieben wird, der drei Personen tötet, weil sie etwas getan haben, was ihm nicht gepaßt hat.

Als nächstes bin ich in einem Haus und sehe einen Mann von unklarem Alter, der sich unwohl fühlt, aber das verbirgt. Dann sehe ich ihn in einem Badezimmer in einer Dusche. Er fürchtet, daß jemand ins Zimmer kommen und ihn sehen könnte – nicht, weil er nackt ist, sondern weil er sich heimlich in Feuer verwandelt, was niemand wissen soll. Erst werden seine Konturen, insbesondere sein Gesicht unscharf, wobei sich seine Farbe zunächst einmal zu dem Milchigweiß mit leichtem Blauschimmer der Lebenskraft verändert und dann allmählich feuriger wird – es sind allerdings keine Flammen zu sehen, aber sie sind zu spüren.

Der Mann hat einen hohen inneren Druck zu Feuer zu werden, aber will nicht, daß dies bemerkt wird – das Problem hat er auch im Bett beim Schlafen und bei anderen Gelegenheiten.

Maxwell könnte ein Symbol für verdrängte Aggression sein bzw. für hemmungslos ausgelebte Aggression. Diese nicht-integrierte Aggression ist mir ja von mir gut bekannt. Sie zeigt sich u.a. in meinen gelegentlichen inneren Aggressions-Bildern.

1969 bin ich 13 Jahre alt gewesen, aber das hat, glaube ich, keine Bedeutung – oder bezieht sich das auf einen blockierten Beginn meiner Pubertät?

Und nördliches Mittelengland? Ich bin bisher nur einmal in England gewesen und habe in Mittelengland eigentlich nichts Besonderes erlebt.

Die Wahrnehmung des Lebenskraftkörpers und das Feuer beziehen sich recht sicher auf die Kundalini.

Warum hat der Mann Angst, sein „Feuer" zu zeigen? Der Mann bin wohl ich und das Feuer ist nicht nur meine Kundalini, sondern auch mein Wollen.

Bezieht sich das Nacktsein in der Dusche auf die Sexualität?

Dieser Traum scheint mir eine Ergänzung zu dem Traum von gestern zu sein: Gestern die Integration der Emotion des Captain Kirk in den kühlen Verstand des Mr. Spock, und heute die Wahrnehmung des gefürchteten und verdrängten und daher auch destruktiven (Maxwells Morde) Wollen-Feuers und dessen vermutlich erhoffte Integration.

Also frage ich den Feuer-Mann mit einer Traumreise:

„Feuer-Mann – willst Du mir noch etwas zu diesem Traum sagen?“

„Es ist so anstrengend …“

„Was ist anstrengend?“

„Nicht zu sein, was ich bin.“

„Warum bist Du denn nicht, was Du bist?“

„Angst.“

„Wovor?“

„Mama.“

„Hm … was ist mit ihr?“

„Wie soll ich ohne sie leben?“

„Hm … wie alt bist Du?“

„Drei.“

„Hast Du bemerkt, daß ich und Du, also Harry, inzwischen schon 63 Jahre alt sind?“

„Nein.“

„Kannst Du es sehen?“

„Ja.“

„Kannst Du sagen, was Du brauchst, damit Du wieder Du selber sein kannst?“

„Liebe.“

„Von wem?“

„Von Dir.“

„Liebe zu dem kleinen Harry? … Selbstliebe?“

„Ja.“

„Ich spüre, daß da noch nicht so viel Selbstliebe ist, wie da sein könnte, aber ich kann Dich in den Arm nehmen – willst Du?“

„Ja.“

Ich tue das. Ich halte das dreijährige Kind, das zugleich der Feuer-Mann ist. Er sackt auf einmal in sich zusammen. Ich setze mich hin, um ihn weiter in meinen Armen halten zu können. Er beginnt zu zucken … ich halte ihn einfach weiter. Er ist wie zusammengebrochen – ich glaube, das ist dieses Aufrecht-Halten, dieses Wollen-Verbergen gewesen.

Da passiert viel in ihm … das geht eine ganze Weile so weiter … ich sehe, daß er 'weicher' wird …

Ich glaube, wir sollten jetzt einfach eine Weile so zusammen hier sitzen und einfach geschehen lassen, was da geschehen will …

V 1. m) Symbol-Traum

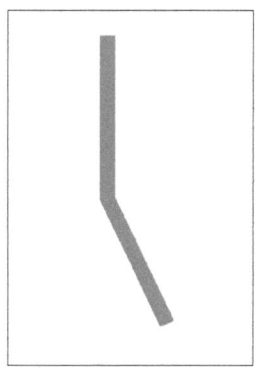

Ich habe heute Nacht von einer geometrischen Form geträumt – einem glühenden, rot-orangen Winkel von ca. 30°. Dieser Winkel hat sich von rechts nach links hin bewegt – anscheinend auf einer Kugel-Oberfläche, sodaß er von rechts her wieder ins Bild kam. Manchmal wirkte dieser Winkel auch wie eine Öffnung, durch die ich in die Glut in einer Kugel schauen kann.

Ich habe mich im Traum auf diesen Winkel konzentriert und bin immer wieder zu diesem Winkel zurückgekehrt – ca. 8-10 mal. Vor einigen Tagen habe ich schon mal von diesem Winkel geträumt – ca. 15-20 mal nacheinander.

Das rote Glühen dieses Winkels spricht dafür, daß es um Kraft geht – um die Kundalini?

Was ist der Winkel? Ein astrologisches Halbsextil? Dann würde es hier um Weiterentwicklung gehen. Oder ist er ein Bruch? Dafür sah er eigentlich zu spannungslos, organisch und richtig aus.

Was ist die Kugel? Mein Wurzelchakra? Mein Lebenskraftkörper?

Was ist diese geknickte Linie? Meine Sushumna, also der zentrale Lebenskraft-Kanal, die durch irgendetwas behindert wird?

Die ständige Wiederholung des Traumes und auch die abstrakte Symbolik sprechen dafür, daß es sich um etwas Wichtiges und evtl. auch um etwas Rhythmisches handelt.

V 1. n) Moskau-Traum

Ich bin mit der Bahn nach Moskau gereist, weil mich eine Frau, die dort wohnt, dorthin eingeladen hat. Ich bin in einem Vorort-Bahnhof im Nordwesten von Moskau ausgestiegen und an einer Landstraße oder Autobahn entlang zu dem Vorort von Moskau gelaufen. Dann fiel mir auf, daß ich mich nicht an den Namen der Frau erinnern kann und auch ihre Adresse nicht dabei habe.

Ich bin an einer Autobahnauffahrt abgebogen und kam zu einer Art Hufeisenförmigem Hügel-Haus. Innen ging ein Weg in Serpentinen allmählich bis zum höchsten Punkt empor. Die Wohnungen waren in dem Hügel selber – die Türen nach innen hin und die Fenster nach außen. Dieses Dorf-Gebäude hatte ca. vier Etagen und insgesamt wohl gut 50 Wohnungen – vielleicht war das Ganze auch noch etwas höher und größer.

Ich habe im Traum festgestellt, daß ich hierher kommen muß, aber daß ich Angst habe, die Frau zu treffen. Ich erinnerte mich, daß die Frau recht rundlich ist.

Ich komme am Gartentor an der Öffnung des Hufeisen-förmigen Hügels an und gehe hinein. Eine Frau rechts von mir begrüßt mich mit meinem Namen. Ich sehe rechts vorne zwei rundliche Frauen, aber die, die mich eingeladen hat, ist nicht dabei.

Ich gehe an einem Fenster, das rechts von mir liegt, vorüber. Dort liegen eine Frau und ein Mann miteinander im Bett und entweder kitzelt er sie oder sie haben Sex miteinander. Mir wird deutlich, daß die Menschen hier freie Liebe in offenen Beziehungen leben.

Ich gehe die Serpentinen empor bis ganz oben auf die Kuppe des Haus-Hügels. Von außen her betrachtet sieht er mehr wie ein Hügel als wie ein Haus aus – von seiner Innenseite her, das wie das Innere eines Hufeisens geformt ist, sieht es mehr nach einem Haus oder „Dreiviertel-Kreis aus Häusern" aus. Ich blicke um mich und denke, daß ich jetzt ja wieder gehen kann und bin erleichtert.

Doch schon nach ein paar Metern wird es dunkel und ich rutsche am Rand des Weges ab. Ich versuche Halt zu finden und ziehe versehentlich einen Mann, der vor mir ging, mit den Hang hinunter. Zwei Etagen weiter unten kommen wir zum Halten und sind beide unverletzt. Es gibt ein kurzes Unmuts-Grummeln zwischen uns, aber ich sehe dann ein, daß ich der Verursacher war.

Ich gehe weiter nach ganz unten und verlasse dann das Hügel-Dorf.

Es geht um die Beziehung zwischen mir und einer Frau. Da die Frau, mit der ich letzt eine Nacht verbracht habe, ganz im Osten von Deutschland in einer einsamen Gegend wohnt („Vorort von Moskau"), wird wohl sie gemeint sein.

Sie lädt mich ein und ich fürchte mich zu kommen, aber ich komme trotzdem. Das entspricht ihrem Anruf gestern, auf den ich nicht geantwortet habe. Sie findet auch das Prinzip der freien Liebe gut – auch das paßt. Zudem liegt das ZEGG, ein Dorf, in dem die Menschen so leben, in der Nähe von Berlin, also im Osten.

Ich ziehe in diesem Traum einen Mann ungewollt einen Abhang mit mir hinunter. Eine andere Freundin von mir hat sich in einen Mann verliebt, mit dem ich befreundet bin – das war wohl der Mann, den ich versehentlich mit den Hang hinuntergezogen habe. Das ist wohl ein Symbol dafür gewesen, daß ich weder weiß, was mit mir und dieser Freundin passiert, noch was mit mir und diesem Freund passieren wird. Aber es ist im Traum ja kein Groll zwischen mir und diesem Mann geblieben.

Das zentrale Thema des Traumes ist vermutlich, daß ich nach etwas suche, was richtig, wichtig und wesentlich ist und ich das ich in meinen derzeitigen Begegnungen nicht habe – nicht, daß sie falsch seinen, aber eben nicht wirklich 'in Kontakt mit dem Herz des Lebens', um es einmal etwas poetischer auszudrücken. Darum weiß ich nicht, was ich mit der 'Frau aus dem Osten' will – und ich habe dieses Wesentliche zwischen der Freundin und dem Freund gespürt.

V 1. o) Panther-Traum

Ich habe von einem eher dunklen Flur in einem großen öffentlichen Gebäude o.ä. geträumt, in dem ich stand und in dem von rechts her ein eher dunkler und recht passiv wirkender Mann auf einer Riesenkatze, die einem Schwarzen Panther ähnelte, an mir vorbei nach links hin durch eine Art Tür ohne Türflügel, hinter der der Flur weiterging, geritten ist. Der Panther war mir nicht geheuer, aber ich hatte auch nicht wirklich Angst vor ihm.

Ein Flur ist ein festgelegter Weg, der Reiter bin ich wahrscheinlich selber, die „Panther-Katze" ist Kraft, das „Tor" ist ein Übergang, links ist die Vergangenheit. Meine Kraft fließt also einen Gang entlang durch ein Tor zu einem alten Zustand zurück – das klingt sehr nach meiner Kundalini, die durch eines der Zwischenchakren in einen neuen Bereich angekommen ist.

V 1. p) Trapez-Traum

Ich bin von einer mittelalten Frau in einem Raum gefangen worden. Sie hat aus Holzspänen, die irgendwie Teile von mir sind, zwei Preßspanplatten hergestellt. Die eine hat die Form eines länglichen Trapezes und stellt meinen Leib da; auf ihr befindet sich ein zweites Trapez mit zwei Löchern, die meinen Kopf mit meinen Augen darstellt; das zweite Brett steht im rechten Winkel dahinter, damit das erste Brett aufrecht stehen kann. Die Frau hat einen Teil meiner Lebenskraft in dieses Brett gebannt, die dadurch zu einer Art Woodoo-Puppe von mir geworden ist. Der Besitz dieser Holzfigur gibt ihr Macht über mich.

Sie droht mich mithilfe dieser Figur zu töten o.ä. Ich fasse plötzlich den Entschluß, meine Lebenskraft aus dieser Figur hinauszubannen, damit sie nur noch eine Holz- figur ist und die Frau dann keine Macht mehr über mich hat. Ich strecke beide Arme in einer komplexen Geste, bei der beide Arme und Hände etwas Verschiedenes tun, gegen die Holzfigur aus und rufe laut zwei Worte, die ungefähr „Kramparlik krilikril!" gelautet haben – der Klang dieser mir völlig unbekannten Worte war sehr hart und rauh, sie haben mich ein bißchen an die Orc-Sprache aus dem 'Herrn der Ringe' erinnert.

Da ich diese Worte tatsächlich auch physisch laut gerufen habe, bin ich davon aufgewacht. Mein erster, leicht amüsierter Gedanke war, was wohl jemand, der auch hier in meinem Zimmer gewesen wäre, gedacht hätte, wenn ich im Schlaf solche Worte rufe.

Eine mittelalte Frau besitzt Teile von mir und hat deshalb Macht über mich und benutzt sie, um mir zu schaden. Ich will ihr diese Teile (Lebenskraft) fortnehmen, aber bin mir in dem Traum nicht sicher, ob mir das gelingt.

Warum eine Holzfigur? Und warum Trapeze? Die Figur erinnert am ehesten noch an die Pfeiler aus den Tempeln von Göbekli Tepe (10.000 v.Chr.), die die Ahnen darstellen und 'steinerne Totempfähle' gewesen sind. Aber warum? Weil diese Teile von mir schon lange im Besitz dieser Frau sind? Ist das meine Mutter?

Warum Preßspanplatten und kein gewachsenes Holz? Anscheinend hat es da eine Zerstörung gegeben und aus den Trümmern nach dieser Zerstörung ist dann die abstrakte, hölzerne Figur hergestellt worden. Klingt nach dem alten Streit mit meiner Mutter. Sollte ich da jetzt auf der Traumebene wieder Kontakt zu diesen alten Vorgängen erlangt haben? Das wäre genial, denn dann kann ich da jetzt auch etwas daran ändern.

V 1. q) Mörder-Traum

Ein Mann ist kein Mörder, aber fast. Er sitzt vorne links und lenkt das Auto. Ich sitze hinten links in dem Auto und habe mich so tief wie möglich nach unten geduckt; es sind noch andere im Auto – der Mann bedroht sie und zwingt sie mit einer Pistole auszusteigen; als sie draußen sind, höre ich Schüsse.

Das Ganze spielt in Bad Godesberg vor der Eisenbahn-Unterführung die sich an die Bahnhofstraße anschließt. Dort kann man garnicht mit dem Auto hinfahren, aber ich assoziiere diese Stelle mit einer Drohung, die der Vater des Ex-Mannes der Frau, für die ich gestern eine Traumreise gemacht habe, gegen seinen Sohn ausgesprochen hat.

Der Mann übt Gewalt gegen andere aus. Ich weiß davon. Ich scheine eine Frau zu sein. Der Mann und ich liegen zusammen in einem Bett.

Der Mann sagt zu mir: „Du wirst nichts verraten, denn ich werde Dich immer finden – bei Deinem Beruf kannst Du nicht nur von Mundpropaganda leben, sondern mußt im Internet stehen."

Ich gehe durch eine dunkle, breite Straßen; ich gehe über eine Kreuzung; die Wohnung von mir und dem Mann ist links hinter mir; er könnte mich durch das Fenster beobachten und mich daran erkenne, wie ich in meiner Bewegung zögere und dann nicht zum Haus gehe, sondern weitergehe. Er würde meine Angst sehen, wenn er aus dem Fenster schauen würde und mich daran erkennen.

Ich gehe über eine zweispurige, unbeleuchtete Allee; rechts Häuser, links offene Fläche, wie eine Parkwiese wie die Poppelsdorfer Allee in Bonn; ich gehe über die

Straße, von rechts vorne kommt ein Auto, ich laufe schnell ganz hinüber über die Straße; das war zwar nicht gefährlich, aber unvorsichtig.

Ich bin nun auf dem Weg am Rand der „Allee-Wiese"; dort ist eine Baustelle: Löcher im Boden, Absperrungen, ein vorne an der Stirnseite offener Wohncontainer, in dem ca. vier Bauarbeiter sitzen – fühlt sich wie eine WG an. Eine Frau klammert sich an mir fest, kenne sie nicht, schicke sie fort, sie hat Angst – vor dem Mann, der auch mich bedroht? Ich scheine jetzt wieder ein Mann zu sein; die ca. vier Männer kommen aus dem Container und fragen, was los ist; ich sage, daß ich die Frau nicht kenne; sie sind erstaunt, aber glauben mir; die Frau flieht vor etwas.

Das Grundgefühl ist das Bedrohtwerden als Frau – ich als Frau bzw. die Frau, die sich an mir festklammert. Es ist aber keine sexuelle Bedrohung erkennbar.

Die Bedrohung ist massiv und ich kann ihr nicht entkommen – ich ducke mich, ich fliehe, ich versuche nicht gesehen zu werden. Ich bin teilweise in der Gewalt des Mannes – gleiches Bett, ich bin in seinem Auto.

Die mir wohlgesonnene Bauarbeiter-WG kann mir nicht helfen. Eine Baustelle ist ein Ort, an dem etwas verändert wird. Was? Etwas in der Erde, also etwas Altes. Also eine Heilung? Auf einer Wiese in der Stadt – mehr Lebendigkeit?

Bonn und Bad Godesberg sind die Orte, in denen ich gelebt habe, aber nicht die Frau, für die ich die Traumreise gemacht habe. Lediglich die Assoziation zu ihrem Ex-Mann und dessen Vater spricht dafür, daß der Traum etwas mir ihr zu tun haben könnte.

Es ist Nacht – ich bin also in meinem Unterbewußtsein, d.h. in dem Bereich, in dem ich auch Verborgenes finden kann.

Was ist dieses Bedrohtsein durch einen despotischen Mann? Ich frage innerlich den Mann, wer er ist.

Er sagt sehr laut: „Du!"
„Was willst Du?"
„Dich!"
„Und was willst Du tun?"
„Frei sein! Frei sein! Frei sein!"
Dabei habe ich Bilder, wie er Dinge zertrümmert – er ist wütend, weil er gefangen gehalten wird.
Ich frage ihn innerlich: „Wer hat Dich gefangen gesetzt?"
„Wer schon – Du!"
„Warum?"
„Angst."
„Wovor?"
„Vor Deiner Kraft?"

49

„Was fürchte ich da?"
„Verlassenwerden."
„Von wem?"
„Von allen."
„Wo hat das begonnen?"
„Mit Deiner Mutter."
„Heißt das, daß Du meine Wut darüber bist, daß ich daran gehindert worden bin, das zu tun, was ich will?"
„Ja."
„Und nun willst Du mit Macht Deine Freiheit erlangen?"
„Niemand soll mich mehr behindern!"

Das sieht nach einem Thema aus, das zu mir und nicht zu der Frau gehört. Es könnte natürlich sein, daß die Frau ein ähnliches Thema kennt und daß die Traumreise zu ihrem Thema in mir die Tür zu dem entsprechenden Thema geöffnet hat. Das würde auch die Assoziation zu dem Vater ihres Ex-Mannes erklären.

Ich frage den Mann aus dem Traum danach:

„Hallo, Mann – gibt es eine Verbindung zu der Frau, für die ich die Traumreise gemacht habe?"
„Gleiches Thema ... oder zumindestens sehr ähnlich: gebremster Mars ..."
„Was kann ich zur Heilung meines Mars tun?"
„Tanzen."
„Einfach tanzen?"
„Ja."
„Hm ... und was könnte die Frau zu der Heilung ihres Mars tun?"
„Sex. Und keine Angst mehr vor Bestrafung durch die Welt, keine Angst mehr vor sich selber, vor ihrer Kraft."
„Danke."

V 1. r) Schiff-Traum

Ich habe meine ca. 15 wichtigsten Bücher über Magie u.ä. eingepackt und fliege mit dem Flugzeug irgendwo hin. Das Flugzeug muß auf dem Meer notlanden. Es ist lange Zeit unklar, ob uns jemand rettet, obwohl Notrufe und die Positionsangabe ausgesendet worden sind. Ich selber rufe mit einem ausgeliehenen Handy Verwandte an. Ein jüngerer Mann sagt, daß ich und noch jemand eine Eintragung in Wikipedia erhalten haben. Ich denke an eine Reihe von Artikeln/Kapiteln für ein Buch, die ich geschrieben bzw. skizziert habe.

Schließlich kommt ein großes Frachtschiff und nimmt uns auf. Wir können aller- dings alle nur unser Handgepäck mitnehmen, aber nicht unsere Koffer. Ich verliere also meine Magie-Bücher. Ich komme ziemlich am Schluß dran mit dem an-Bord- Gehen und halte mich an einem Schiffstau fest, an dem ich zum Deck hinaufgezogen werde. Auf dem Schiff sitzen die Geretteten an einer großen U-förmigen Tischreihe an Deck.

Das Land ist ganz in der Nähe, was mich verwundert. Ich gehe mit den anderen von Bord. Ich treffe ein paar Leute unter den Geretteten, die ich hier aus Alfter lose kenne – vor allem aus dem Bioladen, den ich 20 Jahre lang zusammen mit anderen geleitet habe. Ich leihe mir ein Handy und rufe jemanden an, der mich abholen soll. Jemand fragt, ob das meine Oma sei. Ich antworte, daß es meine Tante ist – es ist meine Patentante, die Schwester meiner Mutter, gemeint.

Es geht anscheinend um Magie (Bücher). Die Kapitel-Skizzen schreibe ich gerade auch ganz real. Der Eintrag in Wikipedia bezieht sich vermutlich auf Frater V.D. und mich, da wir z.T. zusammen mit meinem Freund Jörg und meinem Zauberlehrer Axel an einem Buchprojekt arbeiten.

Meine Patentante und meine Oma beziehen sich auf meine Kindheit – ich bin ein Jahr bei meinen Großeltern gewesen und meine Patentante hat einige Jahre bei meinen Eltern gewohnt. Besteht da ein Zusammenhang mit dem Streit mit meiner Mutter? Daß ich Kontakt zu Verwandten aufnehme, ist ausgesprochen ungewöhnlich für mich – und auch, daß ich sie um Hilfe bitte.

Es scheint um Magie und um meine Verwandten (Oma, Patentante; Mutter?) zu gehen.

Das Schiff wirkt sehr schwer, groß, massiv und stabil. Der U-förmige Tisch auf dem Deck hat etwas von einem Ritual.

Da ich im Flugzeug fliege, scheine ich mit meiner Magie (ca. 15 Bücher) weit kommen zu wollen – dafür spricht auch der Eintrag von mir und vermutlich Frater V.D. in Wikipedia. Dieses Vorhaben scheitert jedoch offensichtlich, da das Flugzeug notwassern muß. Dieses Scheitern ist lebensbedrohlich, da unklar ist, ob Hilfe kommt bevor das Flugzeug versinkt.

Ich will etwas durch Magie erreichen – ist das Aufsteigen des Flugzeugs auch das Aufsteigen der Kundalini? Das ist denkbar, aber unsicher …

Ich rufe meine Verwandten an und erhalte von ihnen Hilfe – ist das das große Schiff? Ist das etwa meine Mutter?

Es gibt keine Leiter o.ä., an der ich bequem an Deck steigen kann, sondern ich werde an einem Tau hochgezogen. Ich kann also nicht eigenständig zu meinen Verwandten kommen, sondern nur durch ihre Hilfe. Die U-förmige Tischreihe wirkt wie ein Familientreffen.

Ich scheine für die Aufnahme in den Verwandten-Kreis die Magie aufgeben zu müssen. Das ist real eigentlich nicht so – es versteht zwar niemand so recht, was ich da treibe, aber es sagt auch keiner was dagegen. Ist „Magie" daher ein Symbol für meine Eigenständigkeit, die ich damals bei dem Streit aufgegeben habe? Ich kenne das „ich oder Magie" allerdings aus meiner ersten Beziehung – damals habe ich tatsächlich alle meine Magie-Bücher verkauft, weil meine Freundin mich sonst verlassen hätte.

V 1. s) Tyr-Traum

Heute Nacht bin ich halb aufgewacht, weil ich die Worte „son bodn" vor mich hin gesprochen habe und dabei ein „weiches" Pulsieren abwechselnd links und rechts in meiner Brust gespürt habe – mit der Frequenz von ca. 1Hz. Es fühlte sich ein bißchen wie weibliche Brüste an. Ich habe noch im Halbschlaf gemerkt, daß das Ida und Pingala sind.

Im Altnordischen bedeutet „son" „Sohn" und „bodn" „Faß". Dies sind zwei der drei Ritualgefäße für den Met-Trank. Das dritte Gefäß trägt den Namen „Odrrörir", d.h. „der die Ekstase erweckt". Das dritte Gefäß ist das Trinkhorn des ehemaligen Sonnengott-Göttervaters Tyr, die beiden anderen Gefäße sind die Trinkhörner seine beiden Zwillingssöhne („Alcis").

Offenbar habe ich in mir Tyr und seine beiden Alcis-Söhne der Sushumna sowie Ida und Pingala gleichgesetzt.

Habe ich das wie im Yoga die Lebenskraft aus Ida und Pingala in die zentrale Sushumna geleitet?

V 1. t) Tundra-Traum

Ich war am Südrand der sibirischen Tundra in einem lockeren Fichtenwald. Jemand (ein Mann?) hatte eine recht trockene Fichte abgehackt und in Brand gesteckt und zog sie unter einige andere trockene Fichten, sodaß das Feuer auf diese übersprang. Ich habe gesehen, daß ich keine Möglichkeit habe, das Feuer zu löschen und bin daraufhin durch das trockene Gras und die lose stehenden Fichten geflohen – ich hatte auch etwas Angst vor dem „Feuermann" (ich habe sein Gesicht nicht gesehen, aber es fühlte sich nach einem Mann an). Dann kam ich auf einen Weg, der in ein Tal hinabführte. Dort liefen auch andere ins Tal hinab – ca. drei Männer im Alter von 20-28 Jahren. Sie liefen einzeln und haben mich z.T. überholt.

Da habe ich wohl von meinem Kundalinifeuer geträumt, das sich entzündet hat und daß ich offenbar auch fürchte.

Wieso mußte der Mann das Feuer zu den anderen Fichten tragen? Ist das ein Bild für die Feueratmung, durch die ich die Kundalini zu erwecken versuche?

Wieso sind da die jungen Männer, die vor dem Feuer fliehen? Weil ich mich in deren Alter vor der Kundalini gefürchtet habe?

Und warum Tundra? Sibirische Schamanen-Magie? Vermutlich bedeutet Rußland hier in etwa „unbekannte und tendenzielle gefährliches Fremde" und bezeichnet somit meinen Schatten, also den verdrängten Teil meiner Psyche.

Im Tal war kein Wald, weshalb das ein geeigneter Fluchtort gewesen ist – dort waren auch kleine Städte.

V 1. u) Mond-Traum

Ich war auf einem Mond, der um einem Planeten fern von unserem Sonnensystem kreist. Dort war alles ganz anders als auf der Erde – u.a. gab es Flüsse aus Licht. Auf einem dieser Flüsse habe ich eine Bekannte von mir in einer Art Ruderboot flußaufwärts zu meinem Sohn gebracht.

Die ganze Szenerie war ziemlich wenig „erdhaft" – eher wie die hellsichtig wahrgenommene Lebenskraft einer Landschaft.

Die Flußfahrt könnte sich konkret auf eine Freundin beziehen, die meinen Sohn kennenlernen will, der von mir aus gesehen rheinaufwärts wohnt.

Von der Szenerie her ein völlig verrückter Traum – so ähnlich muß es auf LSD-Trips aussehen …

V 1. v) Eulenburg-Traum

Der Traum bestand nur aus einem einzigen Satz: *„Ich hole mir die Eulenburg zurück!"*

Die Eulenburg ist die Burg Yladia („Eulen-Aue-Burg") bei der Stadt Eylau („Eulen-Aue") in Westpreußen, den mein Urahn Arnulph von Eylenstein („Eulenstein") Anno 1326 für den Deutschritterorden gegründet hat. Im Traum hat sich „Burg" auf das Haus meiner Eltern bezogen, das jetzt meinem Bruder gehört und in dem er zusammen mit seiner Familie und meiner Mutter wohnt.

Offenbar hat etwas in mir beschlossen, nicht mehr all meinen Besitz „um des lieben Frieden willens" zu opfern, sondern in meine Kraft zurückzukehren.

V 1. w) Stadt-Traum

Dieser Traum und auch die drei, die noch folgen, stammen nicht von mir, sondern von einer Frau.

Es ist tagsüber, der Himmel ist diesig aber hell.

Tag: Es geht um etwas Bewußtes.
diesig: Es ist vermutlich nicht nur vom Wetter, sondern auch von der Stimmung her trübe.

Ich laufe einen Bürgersteig an einer Häuserwand entlang, in irgendeiner Stadt. Es sind schlichte dunkelgraue Reihenhäuser ohne Vorgarten links von mir, die Haustüren grenzen direkt an den Gehweg.

trostlose Zivilisation: vermutlich äußere Formen, die die Lebensfreude bremsen

Ich laufe an einem offensichtlich verlassenen Haus vorbei, die Stufen zum Eingang sind verwittert, die Tür steht offen und gähnt wie ein dunkles Loch. Im Hauseingang sind abgerissene Klingelschilder aber keine Namen. Ich laufe daran vorbei, bleibe aber dann doch stehen und gehe rückwärts wieder zum Eingang. Irgendwas zieht mich magisch an, meine Neugierde ist geweckt.

Haus: oft der eigene Körper
keine Namensschilder: Anonymität – man ist bedeutungslos
keine Klingel: keine Kontaktmöglichkeiten – Isolation
zu dem Haus gehen: etwas verstehen wollen – sich selber

Ich sehe eine Gestalt im Dunkel des Hausflurs stehen, die mich ansieht. Obwohl ich das Gesicht nicht klar erkennen kann, fühle ich mich doch eingeladen einzutreten.
Der junge Mann winkt mir zu mit ihm zu gehen und läuft durch eine schmale, halb verschüttete Tür ans Tageslicht. Er schiebt Balken zur Seite sowie grünes Gewächs, das über die Öffnung gewuchert ist, sodaß ich ihm folgen kann.

Der Mann ist „ortskundig" – ein Teil der Psyche.
halb verschüttete Tür: hier beginnt ein höchstens noch halbbewußter Teil der Psyche
Gewächs: es ist noch ein Rest Leben da

Wir treten in eine Art Innenhof, bis ich erkenne, daß es einst ein herrschaftliches Wohnzimmer gewesen sein muß, mit flachen Stufen auf mehrere Ebenen sowie am Ende einen riesigen, gemauerten Kamin. Fast alles ist von Pflanzen überwuchert worden oder mit leuchtend grünem Moos bedeckt, das auf dem dunkelgrauen Gestein noch intensiver wirkt.

Wohnzimmer: Zentrum
zu Innenhof geworden: Decke fort = ungeschützt
Kamin: Feuer im Körper = Kundalini
Moos: nur geringfügig organisierte Lebenskraft

Als sich meine Augen an das spärliche Licht gewöhnt haben, sehe ich einen jungen, braunhaarigen Mann in meinem Alter, der mich auffordernd ansieht, als hätte er auf mich gewartet. Er ähnelt dem kanadischen Schauspieler Ryan Reynolds, durchaus attraktiv. Obwohl ich ihn nicht kenne scheine ich ihm vertraut zu sein. Er führt mich in die Diele des Hauses.

schon der zweite junge Mann: Sind Beziehungen ein Thema?

Die Wände sind grau und dunkel, Schutt liegt herum und Pflanzen sind in das Innere des verfallenen Gebäudes gewachsen. Ich lege meinen Kopf in den Nacken und blicke nach oben, sehe ein durchlöchertes Dach mehrere Stockwerke über mir durch das etwas Tageslicht hereinfällt. Mehrere steinerne Treppen winden sich nach oben, alles ist grau, dunkel und beinahe ohne Farben bis auf das Grün von Pflanzen, die sich nach und nach das Haus zurück erobert haben. Von innen ist das Gebäude viel größer und verwinkelter als die schmale Häuserwand von außen hatte vermuten lassen.

Das Haus ist von innen größer als es von außen her aussieht: Die Größe (und der einstige Reichtum?) des Inneren ist verborgen.
Pflanzen : Hoffnung?

Es muß ein sehr modernes Wohnzimmer der 60er/70er Jahre gewesen sein. Das Dach ist fast komplett verschwunden, daher sieht es jetzt aus wie ein Innenhof. Die Ausstrahlung ist mystisch und faszinierend. Vor allem der große Kamin, der sicher schon seit Jahren kein Feuer mehr erlebt hat, hat eine starke Anziehungskraft auf mich. Wir verweilen kurz, sodaß ich die Stimmung auf mich wirken lassen kann.

60er/70er-Jahre: Spielt die Zeit vor ca. 50 Jahre eine Rolle? Eigenes Alter? Eltern?
Die Faszination des Kamins bestätigt seinen Deutung als Kundalini-Aspekt.
mystisch, faszinierend: astrologisch gesehen Neptun und Uranus – spielen die hier eine Rolle?

Es hat fast den Eindruck einer Tempelanlage im Urwald ... geheimnisvoll.

Tempelanlage: wieder Neptun ...

Der Mann winkt wieder ihm zu folgen und betritt durch eine breite Terrassentür das Innere des Gebäudes. Wir laufen die Treppen nach oben und blicken in verschiedene Räume, die alle fast komplett zugewachsen sind. Einzelne Gegenstände

erkenne ich kaum, nur Konturen und Schemen in Dunkelgrau mit grünem Moos über-
zogen.

Haus besichtigen: den eigenen Körper betrachten?

Er scheint erfreut zu sein, mir das ganze Haus zu zeigen. Aufgeregt führt er mich
von einem Raum in den nächsten, immer weiter nach oben. Es scheint so, als würde
das Gebäude ihm gehören oder eher, als würde er darüber gebieten. Wie über ein
verlassenes Königreich.

Freude: Wurde es langsam Zeit, das Verborgene wieder zu sehen? Fehlte das im rea-
len Leben? Uranus und Neptun – also Pep und Geheimnis?
Der Traum macht den Anschein des Wiederfindes von etwas Verlorenem oder Ver-
gessenem – vermutlich eine andere Lebensweise.
Ist es Mann, der ihr die Räume zeigt, weil die „Männer-Rolle" etwas erlaubt, was
die „Frauen-Rolle" verbietet?

Er zeigt mir in den oberen Etagen eine weitere Art Innenhof unter freiem Himmel,
auch hier wieder rundum voll mit Pflanzen und einem weiteren Kamin, etwas kleiner
als der erste, aber nicht minder imposant aus grauem Stein.

obere Etagen: Herzchakra oder Halschakra
Kamin: Anschluß an das Kundalini-Feuer

Ich sehe einen alten Mann auf der Steinplatte vor selbigem sitzen, auf einem Geh-
stock abgestützt, mit einer Schirmmütze. Ich kenne ihn nicht und er scheint auch
keine Notiz von uns zu nehmen, sondern blickt abwesend aber friedlich in das Innere
des leeren Kamins. Mein Begleiter scheint nicht überrascht ihn hier zu sehen. Er
führt mich weiter die verwitterten Treppen hoch und als wir oben angekommen sind
wird es heller und auch moderner.

alter Mann: Weisheit, Wissen
er reagiert nicht: noch unzugänglich, nicht integriert
Es scheint um die Eigenschaften von Männern zu gehen – wird „Männlichkeit" o.ä.
gebraucht?

Wir betreten eine Art Loft; hier sind die Wände noch weiß verputzt, der Boden aus
grauen Fliesen, fahles Sonnenlicht dringt herein. Die mystische, tempelartige Atmo-
sphäre des unteren Gebäudeteils existiert hier nicht. Es macht eher den Eindruck
eines verlassenen Schul- oder Bahnhofgebäudes. Zweckdienlich und moderner, aber
eben verlassen. Zum ersten Mal nehme ich Graffities an den Wänden wahr; Putz und
Glassplitter knirschen unter meinen Füßen.

Loft: der Kopf, Drittes Auge, Verstand

keine Tempel-Atmosphäre: Uranus und Neptun sind nicht in den Kopf, d.h. in das verstandesmäßige Weltbild integriert worden. Ist das das Grundproblem?

Bahnhofs/Schul-Atmosphäre: lebensfeindliche Sachlichkeit

Graffities: Gedanken, aber auch „revolutionäre Frechheit", Unangepaßtheit o.ä., also wieder Uranus

Splitter: Zerstörung in früherer Zeit

moderner: Der Kopf/Merkur wurde länger benutzt als das Herz bzw. Uranus/Neptun.

Ich höre Stimmen von anderen Menschen, die hier offensichtlich wohnen. Links von mir ist der Eingang zu einer Sammel-Toilette, die Tür ist ausgehakt und lehnt an der Wand. Ich sehe drei geschlossene Toilettenkabinen in Weiß, so wie man sie aus öffentlichen Gebäuden kennt. Auch hier sind gesprayte Gebilde an der Wand. Ich gehe auf die ganz linke Toilettentür zu, als eine junge blonde Frau von hinten herankommt und sich an mir vorbei drängelt. Sie greift die Klinke der Tür und sieht mich mit einem herausfordernden Grinsen an. Sie ist am Kinn gepierct, hat ein Cappie auf dem Kopf, trägt Skaterklamotten und wirkt so, als würde sie auf der Straße leben. Ich kenne sie nicht und habe sonst auch keinen Kontakt zu Menschen wie sie. Die junge Frau sagt etwas, um mich zu ärgern, wenn auch lächelnd. Ich erwidere etwas und sie muß lachen. Wir grinsen uns an und fühlen uns jetzt vertraut. Freundschaftlich. Wir verstehen uns.

Frechheit, Piercing, Skater, grinsen, auf der Straße leben: Gegenpol zu der Sachlichkeit, zu den zerstörten „Tempeln". Das scheint ein Teil zu sein, der nicht gelebt wird – aber die Frau findet Gefallen daran und macht mit.

Toilette: Abgrenzung, „Nein" sagen können – das was zum Ganz-sein fehlt

Ich verlasse die Toilette und betrete das Loft, es ist jetzt sonnendurchflutet und sehr geräumig. Der Eindruck des zerfallenen Gebäudes verblaßt. Es scheint wie ein geheimer Ort zu sein, an dem sich Menschen versammelt haben, die sich in einer WG zusammengefunden haben. Neben der Frau sehe ich noch schemenhaft einen weiteren Mann und einen Teenager-Jungen mit dunkelblonden Locken, leicht übergewichtig und sehr verschmitzt. Ich lehne mich an den Tresen einer Kücheninsel, die in der Mitte des Lofts steht. Die anderen gesellen sich zu mir. Der junge Mann, der mich herbeigeführt hat, scheint irgendwie der Anführer (Beschützer?) der Gruppe zu sein.

Menschen im Loft: Gemeinschaft der Ausgestoßenen, die Frau (die dies geträumt hat) ist nicht alleine mit ihren Wünschen nach Anders-sein

Ich fühle mich wohl mit diesen Menschen. Es scheint als seien sie Ausgestoßene der Gesellschaft, Randbewohner der bürgerlichen Welt in einem verlassenen Gebäude. Seltsamerweise durchströmt mich ein Gefühl der Zugehörigkeit zu der Gruppe.

Gleichzeitig kommt Wehmut auf, ich muß wieder gehen und diese mir fremden und gleichzeitig vertrauten Menschen verlassen. Ich schreibe meine Telefonnummer auf einen Zettel, der auf dem Tresen liegt. Der Junge steht auf Zehenspitzen daneben und blickt neugierig auf das Blatt. Wir werden Nummern tauschen, um so in Kontakt bleiben zu können.

Zugehörigkeit/Wehmut: dazugehören wollen, aber nicht wissen wie
Telefonnummern: aber immerhin den Kontakt wahren

V 1. x) Schuh-Traum

Dieser Traum stammt von der selben Frau wie der vorige Traum.

Ich betrete mit meinem Mann gemeinsam ein Schuhgeschäft von Deichmann. Innen ist es mit gelblichem Licht ausgeleuchtet und mit einem dunkelgrauen Teppich verlegt. Ich nehme vage andere Kunden wahr und gedämpftes Stimmengemurmel.

Schuhe: Kontakt mit der Erde?
mit Mann: Beziehungs-Thema?

Ich blicke geradeaus und sehe auf einem Stapel Schuhkartons mehrere Modelle ausgestellt. Begeistert entdecke ich ein Paar blauer Stiefeletten und hellbrauner Stiefel mit wunderschöner abgerundeter Form und nur wenig Absatz. Genau solche Stiefel suche ich immer händeringend!
Schuhe kaufen ist seit einer Teenagerzeit nicht unbedingt meine Lieblingsbeschäftigung. Aufgrund meiner großen Füße war es immer problematisch passende Schuhe zu finden die auch noch wenigstens einigermaßen gut aussehen. Vor allem als Jugendliche fand ich es schrecklich, nie „coole" Schuhe tragen zu können wie die anderen in meiner Klasse. Als wäre ich gehandicapt aufgrund meiner Größe.
Umso glücklicher und erleichterter bin ich, diese Modelle zu entdecken. Und die hellbraunen Stiefel haben auch noch Größe 42 – ich kann mein Glück kaum fassen!
Sofort ziehe ich den rechten Stiefel an und muß zu meinem Erstaunen feststellen, daß er mindestens 3 Nummern zu groß ist. Das kenne ich nun wirklich nicht. Zu klein, ja. Aber zu groß?

Die Suche nach etwas Passendem, was auch nach außen hin „Eindruck" macht …

Ich ziehe ihn wieder aus und blicke in den rechten Teil des Ladens, ob dort noch andere Größen sind? Langsam laufe ich an den Regalen mit den ausgestellten Schuhen vorbei, hier scheint es nur Einzelpaare zu geben im Ausverkauf. Mein Mann trottet schweigend hinter mir her. Langsam kommt der ungute Verdacht in mir auf, daß es das Paar Stiefel nicht mehr in meiner Größe gibt. Eine adrette, dunkelhaarige Verkäuferin um die Mitte 20 läuft an uns vorbei. Ich spreche sie an und sie erklärt mir, daß es den Stiefel in keiner anderen Größe mehr gibt, sie mir aber ein anderes Modell zeigen könne. Ich fühle herbe Enttäuschung.

rechts: Zukunft – ist dort eine Lösung?
Mann trottet hinterher: Will er was anderes?

Sie läuft davon und kommt mit einem großen Karton wieder zurück. Wir knien uns zu dritt auf den kratzigen grauen Teppich. Sie öffnet den Karton und ich sehe vage hellgrüne Stiefel. Die Farbe gefällt mir nicht. Das sind nicht die Stiefel, die ich so gerne wollte.

Die Verkäuferin hat auch eine klarsichtige Plastikbox dabei und sticht mit ihren dunkelrot lackierten Fingernägeln ein Loch in die Plastikfolie auf der Oberseite. Sie reißt die Folie auf und holt ein riesiges Stück Fleisch heraus, so groß wie ein Schäferhund. Sie breitet vor uns ein Stück Klarsichtfolie auf dem Boden aus, dann legt die das große Stück rohe Fleisch vor mir darauf.

Ich glaube zu verstehen, daß die Stiefel aus diesem Material gefertigt sind. Ich blicke auf das von weißem Fett durchzogene Fleisch hinab und streiche über die feuchte Oberfläche, bedauernd und fast zärtlich. Ein Teil des Stücks ist neben die Klarsichtfolie geraten und hinterläßt einen Fettfleck auf dem Teppich. Was es wohl für ein Tier gewesen ist?

Ich blicke zu meinem Mann, der neben mir kniet und höre mich sagen: „Das ist das, worüber wir gesprochen haben. Die Preise, die für alles zu zahlen sind."

Die Verkäuferin wirkt unbeteiligt und abwartend, aber ich empfinde Trauer und irgendwie auch Reue. Ich möchte nicht, dass ein Lebewesen für meine Schuhe sterben soll. Ich seufze, denn mir wird gleichzeitig bewußt, daß es ab jetzt noch schwieriger sein wird für mich passende Schuhe zu finden, die ohne Opfer entstanden sind.

rot lackierte Fingernägel: Blut?
Tier für Lederschuhe töten: Fehlt hier die „gesunde Aggression"?
hat mit ihrem Mann über das Thema gesprochen: „gesunde Aggression", d.h. konstruktiver Streit und Egoismus in der Beziehung?

V 1. y) Stadt-Traum

Dieser Traum stammt von derselben Bekannten:

Eine Arbeitssituation in meinem Büro: meine Kollegin M. aus der Buchhaltung betritt den Raum und drückt mir mehrere Zettel in die Hand – neue Arbeitsanweisung aus den USA, bitte sofort umsetzen – und rauscht wieder raus. Es geht darum, daß alle Produktbilder, die erstellt wurden nach neuesten US Richtlinien in den Abmessungen zu ändern und anders abzuspeichern sind. Da ich das Projekt (in der Realität) geleitet hatte und die Datenbank mit der Masse an Fotos zu füllen hatte, überschlage ich kurz im Kopf und komme zu dem Schluß, daß das einen riesigen Aufwand bedeutet und aus mehreren Aspekten keinen Sinn ergibt.

unsinnige und überflüssige Arbeit machen müssen: das allgemeine Lebensgefühl?

Ich bin entrüstet und aufgeregt, das darf doch wohl nicht wahr sein! Einfach so ein Zettel aus den USA und ich soll das machen? Mein Kollege T. dreht sich zu mir um und meint, wenn das aus der Liste „Interna" kommt, wäre das korrekt, ein Gremium hätte das verabschiedet und das sei nun mal so. Ich bin fassungslos und aufgebracht, Widerstand regt sich in mir.

Ich stelle mich ins Zentrum des Büros und erkläre meinen anwesenden Kollegen warum das Blödsinn ist, es ist ein unfaßbarer Aufwand und es entstehen uns nur Nachteile! Keiner reagiert so richtig, sie wirken desinteressiert, ist ja nicht ihr Problem. Selbst mein Vorgesetzter M. schaut weiter auf seinen Bildschirm als wäre ich Luft. Irgendwie kann ich mich nicht ausdrücken, die Botschaft kommt nicht an.

Hilflosigkeit: „Keiner hört mich! Keiner hilft mir!" ... das alleingelassene Kind?

Also nenne ich ein konkretes Beispiel und werde immer aufgebrachter, wende mich an meinen Kollegen E. aus meinem Team und bitte ihn das zu bestätigen, er ist ja auch vom Fach. Doch auch E. dreht mir den Rücken zu und schaut auf seinen Bildschirm. Ich trete näher an ihn heran, rede auf ihn ein. Warum antwortet er nicht? Er soll die Aussage doch nur bestätigen! Doch er wirkt fast amüsiert über meine Bemühungen. Ich werde immer hysterischer, schreie ihn jetzt sogar an. Ich sei seine Vorgesetzte, er solle gefälligst Stellung beziehen. Es fühlt sich ätzend an, die Hierarchie auszuspielen, davor schrecke ich auch in der Realität zurück. Doch im Traum bleibt mir keine Wahl und ich komme ihm in meiner Verzweiflung mit der „Ich Chef – Du gehorchen" Nummer.

Das Problem des „nicht gesehen werden" ist offensichtlich. Das hängt vermutlich mit dem „Haus-Traum" zusammen, in dem sich der Zusammensturz der „offiziellen, gutbürgerlichen Ordnung" und die Sehnsucht nach einem freieren, „rebellischeren" Leben zeigt.
Die Hysterie entspricht den Außenseitern aus dem Haus-Traum.

Allerdings zieht auch das nicht, er bleibt stur und ignoriert mich. Auch die anderen im Büro sind ob meines Wutausbruchs unbeeindruckt und arbeiten schweigend weiter. Also wende ich mich wieder an M. und bitte ihn um ein Gespräch unter vier Augen. Gemeinsam verlassen wir das Büro und treten auf den Flur.

Allerdings ist es nicht der Flur meiner Firma, sondern wirkt eher wie der Flur einer amerikanischen Schule. Dunkelbrauner Klinker an den Wänden und hellgrauer, spiegelnder Linoleum-Boden. Vage erinnert es mich an mein Gymnasium früher.

Evtl. gab es das Thema „Disziplin versus Lebendigkeit" auch schon in der Schule.

Ich sage M., daß er jetzt mal gesehen hat, wie schwierig die Arbeit mit E. sei, aber er scheint unbeeindruckt. Ich fange an zu weinen vor Hilflosigkeit, sage ihm, daß meine Motivation durch genau solche Situationen gen 0 tendiert und ich die Lust verliere. Jetzt reagiert er plötzlich und wirkt erbost: Das darf natürlich nicht sein! Es ist, als würde er erst jetzt zum Leben erwachen und mich überhaupt wahrnehmen. Er wirkt nun ebenfalls aufgebracht und sagt wir müssen Konsequenzen ziehen in Bezug auf E. Verhalten und die Sache auf anderer Ebene besprechen.

Offenbar zählt nur das Funktionieren – das ist vermutlich auch das Grundproblem, da dies dem „nicht gesehen werden" entspricht.

Er marschiert über den Flur und winkt mir, ihm zu folgen. Wir laufen durch eine breite Tür und betreten einen großen, hellen Raum, ebenfalls mit grauem Linoleum ausgelegt. Die Wände sind weiß, es stehen helle Holz-Tische und Bänke herum an denen Menschen sitzen und sich murmelnd unterhalten, mehrere große Zimmerpflanzen in Töpfen verdecken die Sicht auf Einzelheiten. Obwohl ich den Raum nicht kenne, bin ich mir sicher, daß es sich um ein Lehrerzimmer handelt. Insgesamt wirkt es etwas karg und zweckmäßig, hat einen skandinavischen Look.
Unsicher wohin mit mir stehe ich rum, es erinnert mich an die Ehrfurcht, die ich früher hatte wenn man das heilige Refugium der Lehrer mal betreten durfte, blieb man doch sonst vor der Tür stehen. Mir wird mulmig zumute, irgendwie läuft das hier aus dem Ruder. Ich wollte doch nur gehört werden und daß ich nicht widerstandslos ein Projekt umsetzen muß, welches so keinen Sinn macht. Was haben sie mit E. vor? Habe ich übertrieben? Ich bekomme ein schlechtes Gewissen ihm gegenüber.

zwischen Anpassung und Rebellion hin- und hergerissen …

Irgendjemand weist mich an in einen anderen Raum zu gehen. Er ähnelt dem ersten, an den Wänden entlang säumen sich helle Holzbänke, fast ein wenig wie in der Sporthalle früher. Ich nehme ein Federbett von der Bank und beziehe es mit flieder-farbener Bettwäsche. Mit dem dicken Bettzeug unter dem Arm laufe ich weiter in einen neuen, kleineren Raum. Tageslicht scheint von einem Fenster links herein. Der Raum ist komplett ausgefüllt mit einem gläsernen Zylinder, der ein Stück im Boden versinkt. Unten befindet sich eine den Zylinder ausfüllende, runde, weiße Matratze.

Turnhalle: Sport, körperliche Betätigung – evtl. Sex?
Glaszylinder: etwas wird öffentlich „ausgestellt"

Matratze im Glaszylinder: Wird hier Sex ausgestellt?

Jetzt stehe ich in der Röhre auf der Matratze und blicke nach oben, die Scheiben hoch. Eigentlich ist es gar nicht so ungemütlich mit dem Bettzeug hier drin.
Mein ehemaliger Vorgesetzter F. aus meiner alten Firma betritt den Raum und schaut durch das Glas, ich blicke zu ihm hoch. Er sagt etwas davon, daß es ganz schön dicke Scheiben sind und bestätigt meinen Eindruck von einem Gefängnis. Ich weiß nicht, wie ich da rein gekommen bin allerdings komme ich alleine aus diesem „Aquarium" nicht mehr raus, aber wenigstens ist es gemütlich hier drin.

Glasgefängnis: isoliert sein – eine Folge des „nicht gesehen werdens" …
früherer Vorgesetzter: die Geschichte hat schon früh begonnen – vermutlich in der Herkunftsfamilie und ging dann über die Schule in den Beruf weiter …
Isoliert, aber sicher … vermutlich ist das längere über Zeit hin die Lösungsstrategie gewesen …

V 1. z) Fahrrad-Traum

Der Traum stammt von derselben Frau und schloß an den vorigen Traum an.

Ich sitze auf einem Rennrad (habe ich in echt noch nie) und trete voller Kraft in die Pedale. Niselregen klatscht mir ungemütlich ins Gesicht, sodaß ich die Augen zusammenkneifen muß.

Rennrad: Kraft, eigene Stärke – offenbar ungewohnt, ungeübt
Regen im Gesicht: sich aus eigener Kraft gegen widrige Umstände durchsetzen

Vor mir sehe ich weitere, geduckte Rennradfahrer in gelben, eng anliegenden Anzügen, die ebenfalls mit voller Geschwindigkeit über den regennassen Asphalt jagen. Ich gehöre zu der Gruppe und versuche den Anschluss nicht zu verlieren. Wie irre flitzen wir an Autos vorbei, über Ampeln, weiße Linien der Straße. Auf einmal vermisse ich die Gruppe, habe sie aus den Augen verloren. Wo sind sie?

Gruppe: offenbar wird die Gemeinschaft gesucht – wie in dem Haus-Traum
Es scheint um einen Widerspruch zwischen Angepaßtheit und Gemeinschafts-Zugehörigkeit auf der einen Seite und Wildheit, Frechheit, Unangepaßtheit und Zugehörigkeit zu der Randgruppen-Gemeinschaft zu gehen. Liegt dem Ganzen eine Furcht vor Ablehnung und Einsamkeit bei Ungehorsamkeit zugrunde? Die älteste Schicht scheint das Gefühl des „ich werde nicht gesehen, wie ich bin" zu sein, zu der sicherlich auch noch ein „ich darf nicht sein, wie ich bin" gehört.

Im nächsten Moment sitze ich in einem Flur auf einer Holzbank an der Wand, das Rennrad steht rechts neben mir.

Ausgebremst – mit der Kraft (Fahrrad) in der Bürokratie/Öffentlichkeit sein.
Das Fahrrad steht rechts in der Zukunft – Hoffnung auf Kraft in der Zukunft

Von der Decke scheint eine gelbliche Lampe auf mich hinab. Der Flur hat etwas Ähnlichkeit mit dem Lehrerzimmer vorher, es könnte aber auch eine Jugendherberge oder ein Krankenhaus ein. Mehrere gelbe Türen zweigen in andere Räume ab, die ich nicht einsehen kann, flüchtig nehme ich Menschen und Stimmen aus den Zimmern war.

Als ich auf meine Beine blicke, sehe ich ein großes Loch im linken Knie. Ich wende das Bein und betrachte mit Schrecken und Ekel die tiefe Wunde, rotes, feuchtes Fleisch so tief ich schaue, aber keine Schmerzen. Ich drücke die Wundränder zusammen, es schmatzt etwas, aber irgendwie wollen die Stellen nicht richtig übereinanderlappen. So sehr ich auch daran rumdrücke, bekomme ich das Loch nicht zu. Jetzt tritt auch noch eine transparente, gelbe Flüssigkeit aus und läuft das Bein runter in die Socke.

In der Bürokratie wird die Kraft (Bein) zerstört. Das Knie gehört in der Astrologie zum 10. Haus, das die Öffentlichkeit repräsentiert. Die Ansprüche der Öffentlichkeit an die Frau zerstören deren Kraft und sie weiß nicht, wie sie das heilen kann …

Ich schaue hoch und sehe ein weißes Plakat an der gegenüberliegenden Wand. Dort ist mit Edding eine Instruktion in mehreren Schritten geschrieben was man tun muß, um wieder zu der Rennrad-Gruppe zurück zu kommen. Ich kann das Plakat nicht richtig lesen, es ist verschwommen.

Es gibt Hoffnung, wieder zu der Kraft zurückzufinden – aber Angst, die Möglichkeit zu nutzen (die Schrift nicht richtig lesen können).

Ich verstehe, daß der Gruppenleiter angerufen werden muß, daß er den Standort kennt und einen abholt. Mehrere Nummern sind dort aufgelistet aber irgendwie schaffe ich es nicht sie in mein Handy einzugeben.
- Der Wecker schellt. -

Wieder geht der Weg über eine Autorität (Gruppenleiter) … zumindestens erscheint das der Frau so.
die Nummern nicht eingeben können: den Kontakt nicht herstellen können (oder dürfen?)

V 2. Traumtagebuch

Mithilfe eines Traumtagebuches hat man die Möglichkeit, Motiv-Häufigkeiten und Motiv-Verknüpfungen zu finden: Welches Motiv wiederholt sich? In welcher Weise verändert es sich?

In den im vorigen Kapitel angeführten Träumen von mir ist z.B. die Verdrängung der Aggression ein Thema, das immer wieder auftritt. In den vier Träumen der Frau ist der Konflikt zwischen Angepaßtheit und Selbstdurchsetzung das Grundthema.

V 3. Traumreisen

In Traumreisen findet sich genau dieselbe Symbolik wie in den nächtlichen Träumen. Traumreisen haben jedoch den großen Vorteil, daß man in ihnen bewußt ist und daher Fragen stellen, Dinge gezielt erforschen und Änderungen in der eigenen inneren Bilderwelt vornehmen kann.

V 3. a) Anfangs-Szene

Die Eröffnungsszene der Traumreise zeigt meistens das, was bei dem betreffenden Thema die äußerste Hülle ist, also das, wie dieses Thema einem selber und anderen auf den ersten Blick erscheint.

Wenn die Traumreise in einem Haus beginnt, geht es um den eigenen Körper (=Haus) oder um das Miteinander der Menschen, die gemeinsam in diesem Haus wohnen. Es geht zudem um Strukturen, um eine äußere Form. Der Zustand des Hauses sagt etwas über den Charakter dieser Strukturen aus. Ein gemütliches Haus weist auf Wohlfühlen hin, eine Ruine auf verlorene Kämpfe.

Wenn die Traumreise auf einer Wiese beginnt, geht es um Lebenskraft, die wenig strukturiert ist (Gras). Ein Wald ist schon deutlich stärker individualisierte Lebenskraft als eine Wiese (wenige Bäume statt viel Gras). Weiden sind genutzte Lebenskraft; Felder sind kultivierte Lebenskraft; Parks sind kulturelle Lebenskraft usw.

Wenn die Traumreise in einer Wüste beginnt, fehlt es an Lebenskraft; dasselbe gilt für ein Gebirge, wobei da noch Hindernisse hinzukommen.

Wenn die Traumreise im Weltall beginnt, geht es entweder um ein übergeordnetes, evtl. spirituelles Thema oder um eine sehr grundlegende Einsamkeit.

V 3. b) Weg

Auf Traumreisen erscheinen oft Wege. An der Art des Bildes dieses Weges kann man die Qzalität des Weges zu dem Thema der Traumreise erkennen.

breiter Weg: Man ist ihn gewohnt und schon oft gegangen.
schmaler Pfad: Man ist ihn nur selten gegangen.
Wiese: Man kennt ihn noch nicht.
Gebirge: Er ist schwierig.
Fluß: Man muß sich ihm anvertrauen.
man fliegt als Vogel: Man kann ihn mit Überblick gehen.
Schlucht: Man wird zu einem bestimmten Weg gezwungen.
Höhle: Er führt durch einen völlig unzugänglichen Bereich.
Ein Drache versperrt einem den Weg: Man fürchtet das, was man finden könnte.
ein großes Feuer: Man hat Angst vor der Kraft an dem Ort.
usw.

V 3. c) Mitte

In vielen Traumreisen will man zu dem Wesentlichen kommen, das in vielen Fällen eine Mitte ist. Eine solche Mitte kann auf verschiedene Weisen gekennzeichnet sein: Kreuzweg, Tempel, See, einsamer Berg, Sonne, Kugel, Gold, Goldkugel, König, Thron, Weltenbaum, Pyramide, Hügelgrab, Stadt, Tempel usw.

V 3. d) Begegnungen

Auf Traumreisen begegnen einem vielen Bilder, die man meist recht einfach deuten kann:

einen Fluß überqueren: in einen neuen Bereich kommen
einem markanten Tier begegnen: evtl. das Krafttier
einer markanten Pflanze begegnen: evtl. die Kraftpflanze
einem markanten Stein begegnen: evtl. der Kraftstein

Alles, was einem begegnet, ist in irgendeiner Weise ein Teil von einem selber. Daher ist es immer sinnvoll, das betreffende Wesen anzusprechen. Man kann es einfach grüßen und es fragen, ob es einem etwas zeigen oder sagen mag.

Auch Richtungen haben eine Bedeutung:

Wenn sich etwas von links nach rechts bewegt, geht es in die Zukunft.
Wenn sich etwas von rechts nach links bewegt, geht es in die Vergangenheit.
Wenn sich etwas von hinten nach vorne bewegt (auf einen zu), sucht es Kontakt.
Wenn sich etwas von vorne nach hinten bewegt (von einem fort), flieht es.
Wenn sich etwas von oben auf die eigene Ebene hin bewegt, bringt es Kraft vom Bewußtsein.
Wenn sich etwas von der eigenen Ebene nach oben hin bewegt, strebt es nach Erkenntnis des Ganzen.
Wenn sich etwas von unten zur eigenen Ebene empor bewegt, bringt es Lebenskraft (Kundalini).
Wenn sich etwas von der eigenen Ebene nach unten hin bewegt, verbirgt es etwas oder sucht es nach etwas Verborgenem.

V 3. e) der „rote Faden"

Wenn man einmal nicht mehr weiter weiß, kann sich ein rotes Wollknäul herbeiwünschen, das Ende des Wollfadens um sein linkes Handgelenk knoten und dann das Wollknäul mit den Worten „Zu dem Wesentlichen!" in die Luft werfen – und anschließend dann immer diesem roten Faden folgen.

V 3. f) eine Frage zur Klärung

Wenn man ein Bild nicht versteht, kann man sich eine Frage dazu stellen: „Wie könnte das Bild anders sein?" Diese Frage macht den Blick klarer.

Warum sehe ich eine Stadt und keine Wiese? – Es geht um Kultur und Zivilisation und nicht um Natur.

Warum fliegt der Vogel nach rechts und nicht nach links? – Weil er auf die Zukunft weist.

Warum begegnet mir ein Pferd und kein Löwe? – Weil es um Gemeinschaft geht und nicht um Stärke.

usw.

V 4.   Visionen

Der Unterschied zwischen einer Traumreise und einer Vision ist inhaltlich nicht sehr groß, aber im Erleben recht deutlich:

> Bei einer Traumreise sieht man innere Bilder – in der Regel mit geschlossenen Augen. Diese Bilder sind klar als innere Bilder erkennbar.

> Bei einer Vision überlagert sich das innere Bild mit dem äußeren Bild – man sieht also das innere Bild so, als ob es ein Teil der realen Außenwelt wäre. Das kann sehr beeindruckend sein, aber es erfordert von dem Betreffenden, daß er trotzdem noch immer die inneren Bilder von den äußeren Bildern unterscheiden kann – sonst müßte man diese Visionen „Halluzination" oder „Psychose" nennen. Man sollte niemals das klare Erkennen der äußeren Wirklichkeit verlieren.

V 4. a)   Zukunft

Mit 12 Jahren habe ich einmal vor dem Spiegel gestanden und meine Haare gekämmt. Da hat mich plötzlich ein Mann aus dem Spiegel heraus angeschaut. Ich war ziemlich verblüfft. Der Mann gefiel mir, aber ich habe gedacht „So wie dieser Mann werde ich niemals aussehen." Komischerweise war dieses Ereignis ganz unspektakulär und irgendwie „ganz normal".

Ca. sechs Jahre später habe ich beim Haarekämmen wieder vor diesem Spiegel gestanden und plötzlich erkannt, daß ich damals gesehen habe, wie ich in der Zukunft aussehen werde.

V 4. b)   Wiesenschaumkraut

Mit ca. 22 Jahren habe ich mal auf einer Waldlichtung ein Wiesenschaumkraut blühen sehen. Aus irgendeinem Grund hat mich das sehr berührt. Da habe ich mich neben die Blume gehockt, meine Hand neben ihr gehalten und ihr gesagt, wie schön ich sie finde und daß mich freue, daß sie da ist.

Da habe ich auf einmal lauter Blüten vor mir gesehen – bunt, in den leuchtendsten Farben, in einer Vielfalt von Formen, die sich ständig verändert hat.

Dieses Bild hat die äußere Wahrnehmung zwar überlagert, aber in einer Form, daß ich sozusagen zwei Bilder gleichzeitig gesehen habe. Ich konnte dabei lenken, welches Bild (Blüten oder Umgebung) ich deutlicher sehen wollte.

Ungefähr ein Jahr lang brauchte ich nur an dieses Wiesenschaumkraut zu denken, um diese Blüten-Visionen wieder herbeizurufen.

V 4. c) Lorbeerbaum-Elf

Ich bin vor etlichen Jahren mit einer Freundin auf der kanarischen Insel La Palma gewesen. An meinem Geburtstag sind wir durch das Tal gewandert, in dem der letzte Lorbeerwald der Erde steht. Da meine Freundin nicht gut bergauf laufen konnte, war sie ziemlich bald erschöpft und hat sich auf einen Felsen am Wegrand gesetzt – an dem Platz sind wir ca. 30m oberhalb des Talgrundes gewesen.

Als ich da so gestanden und ins Tal geblickt und bedacht habe, daß diese Lorbeerwälder früher einmal sehr weit verbreitet gewesen sind, kam mir die Idee, ob ich nicht den Lorbeerwald-Elf rufen könnte. Ich hatte kaum diesen Gedanken gehabt, als ich ihn auch schon gesehen habe – er stand unten im Tal und war so riesig, daß wir auf Augenhöhe waren. Er wirkte auch nicht wie ein lieblicher Blumengeist, sondern war stämmig und robust und ein bißchen verhalten, allerdings gleichzeitig aber auch, nun ja, ich kann es am ehesten als „lebensfreundlich" umschreiben.

Ich habe ihn gegrüßt und ihn gefragt, ob er meiner Freundin nicht Kraft geben könnte, damit sie weiterlaufen kann. Er hat genickt, kurz zu ihr geblickt und ist dann weiter talaufwärts gegangen.

Meine Wahrnehmung war wie eine Traumreise mit offenen Augen, bei der die inneren und die äußeren Bilder einander überlagern. Im Gegensatz zu den „Blüten-Visionen" ergaben beide Teile jedoch ein einheitliches Bild, bei dem sich beide Teile jedoch klar unterscheiden ließen – die reale Landschaft war sozusagen mit kräftigen Ölfarben gemalt, aber der Elf auf halbdurchsichtige Weise wie mit Buntstiften.

Meine Freundin hat den „Segen" des Lorbeer-Elfs (sie wußte nicht, daß ich ihn gerade gesehen hatte) deutlich gespürt und fühlte sich tatsächlich wieder fit und statt umzukehren konnten wir noch eine halbe Stunde weiter talaufwärts laufen.

V 4. d) Pan

Visionen müssen nicht immer optisch sein, sondern können auch akustisch sein. Ich habe vor vielen Jahren einmal zusammen mit einem Freund im Wald den griechischen Gott Pan angerufen.

Daraufhin hat Pan kurz im Wald auf seiner Flöte gespielt – es waren nicht viele Töne, aber mir standen die Haare zu Berge, weil die Töne derart intensiv waren.

V 4. e) Adler und Schlange

Einige Zeit später habe ich auf derselben Lichtung im Wald Runen geübt (Haltung und Gesang) – u.a. die Rune „Tyr". Als ich fertig war und fortgehen wollte, stürzte sich ein Adler vom Himmel herb, landete ein paar Schritte vor mir auf dem Boden, verwandelte sich in eine Schlange und kroch in das Gestrüpp davon.

Ich war wie vom Donner gerührt … Doch dann fiel mir auf, daß es dort, wo ich war, weder Adler noch Schlangen gab. Es mußte also eine Vision gewesen sein – und Adler können sich auch nicht in Schlangen verwandeln …

Wie bei allen indogermanischen Göttervätern (Zeus, Jupiter, Dagda, Shiun usw.) ist auch der Seelenvogel des ehemaligen germanischen Sonnengott-Göttervaters Tyr ein Adler. Auf seiner Jenseitsreise verwandelt sich der Göttervater in eine Schlange, wie u.a. über Zeus und Tyr berichtet wird – das wußte ich damals jedoch alles noch nicht.

In der Schwitzhütten-Zeremonie (die ich damals noch nicht kannte) stehen sich Schlange und Adler gegenüber: Instinkt und Wille, das Betrachten des Kleinen und das Wahrnehmen des Großen. Die mexikanische Stadt Tenochtitlan, die um 1500 n.Chr. eine der größten Städte der Welt gewesen ist, wurde auf eine Vision hin gegründet, in der ein Adler mit einer Schlange in den Krallen auf einem Kaktus saß.

Die europäischen Adler/Schlange-Statuen stellen meistens einen Kampf zwischen diesen beiden Tieren dar, der des öfteren mit einem Streit zwischen Wille und Trieben assoziiert wird.

V 5. Gemälde

Mithilfe des Ba-Gua kann man jedes Bild deuten – man erhält als Antwort dabei den Zustand des Menschen beim Malen dieses Bildes oder auch jeder einfachen Strichzeichnung („Krakelei").

Man kann diese Strichzeichnungen und ihre Deutungen daher auch benutzen, um die Gemütsverfassung eines Menschen zu erkennen: Man läßt ihn ein paar Striche kritzeln und schaut sie sich dann an.

V 5. a) Strichzeichnung 1

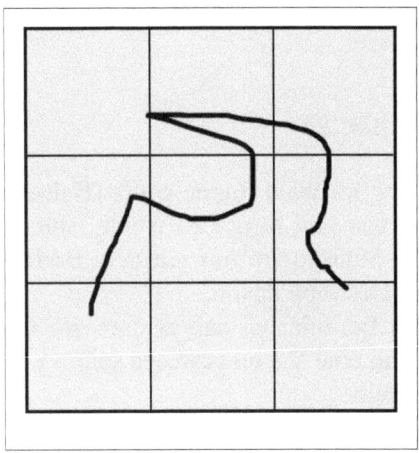

Bei einer Strichzeichnung läßt man einen Menschen einen oder mehrere Striche auf ein Blatt Papier malen. Bei der Zeichnung links hat der Betreffende links begonnen.

Für die Deutung teilt man das Bild in 3·3 Felder ein.

Der Impuls begann auf niedrigem Niveau in der Vergangenheit (links unten) – der Betreffende will daher vermutlich eine unangenehme Situation ändern.

Er steigt mit Schwung auf das mittlere Niveau auf, aber knickt dann scharf nach rechts unten hin ab: Sein Schwung, seine Anstrengung hält nicht lange vor.

Von dem mittleren Feld aus, also aus sich selber heraus, wendet er sich nach links oben (hohe Energie in der Vergangenheit): er hofft auf Hilfe von außen von einem Unterstützer – er will etwas, was er nicht alleine erreichen kann.

Nach dieser Bitte um Hilfe strebt er nach rechts oben zu seinem Ideal, aber trudelt dann auf der Zukunftsseite (rechts) nach unten (niedirge Energie): Sein Impuls, seine Lage mit äußerer Hilfe zu verbessern, ist gescheitert …

V 5. b) Strichzeichnung 2

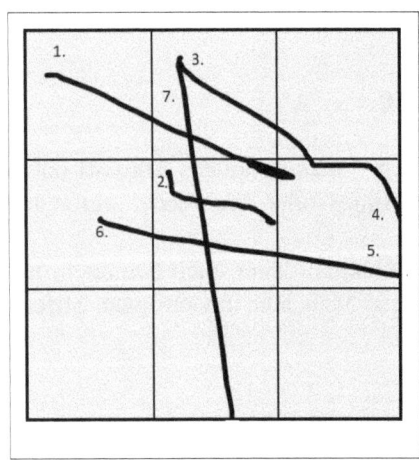

Die Striche sind fast wütend gemalt worden – zwischen Punkt 4. und 5. ist sogar über den Rand gemalt worden und auch die Linie, die bei Punkt 7. beginnt, ist unten über das Blatt hinaus gemalt worden.

Die Linie, die bei 1. beginnt, will aus dem Feld links oben Hilfe holen und in der Mitte in sich selber verankern – dort ist ein Haken gemalt worden.

Der Strich, der bei Punkt 2. beginnt, wiederholt diese Bewegung mit deutlich weniger Elan und ausschließlich im zentralen Feld, also innerhalb des Ichs.

Der nächste Strich beginnt bei Punkt 3. und ist wie eine wütende Wiederholung der beiden vorigen Striche – allerdings wird auch hier nicht mehr im Feld links oben um Hilfe gefragt. Der Strich stürzt ab, geht wütend über den Rand des Papiers hinaus und schießt dann nach links zu Punkt 6. zurück: eine massive, wütende, anklagende Regression – der Betreffende ist davon überzeugt, daß ihm etwas Bestimmtes aus dem Feld links oben bzw. links Mitte zusteht. Links oben ist ein Mäzen o.ä.; links in der Mitte ist die Herkunftsfamilie – vermutlich die Mutter.

Schließlich beginnt noch ein vierter Strich an derselbe Stelle wie der dritte Strich und schießt innerhalb der mittleren Spalte (Gegenwart, Ich) steil nach unten – der ultimative Absturz.

V 5. c) Strichzeichnung 3

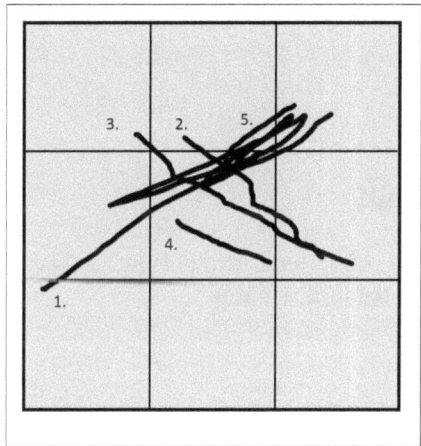

Hier will jemand von der energiereichen Vergangenheit zur energiereichen Zukunft (Linie 1 von links unten nach rechts oben).

Aber es gibt Hindernisse: die drei Linien, die bei Punkt 2., 3. und 4. beginnen.

Doch der Betreffende läßt sich nicht einschüchtern: Er beginnt an Punkt 5. insgesamt fünf zusammenhängende Linien von links unten nach rechts oben und zurück zu zeichnen – er will sich durchsetzen und die Hindernisse (Querstriche) überwinden.

V 5. d) Bild

Dasselbe Verfahren läßt sich auch bei klassischen Gemälden anwenden – wie z.B. bei dem Bild „Sternennacht" von van Gogh.

Rechts oben (Ziel) ist der Mond als auffälligstes Element auf dem Bild – er war die Motivation für das Malen.

Unten ist eine Stadt auf der Ebene des niedrigen Niveaus – van Gogh wollte über diese Ebene hinaus.

Links ragt ein Thuja o.ä. dunkel in die Höhe – das Streben nach einem höheren

Energieniveau, das in der Vergangenheit zu nicht viel geführt hat, da es dunkel bleibt. Der Mond ist also das Symbol für das Erreichen eines Ziels, das man in der Vergangenheit nicht erreicht hat.

Von links unten ragen Berge nach rechts Mitte empor – unten eine dunkle Reihe Berge, darüber eine hellere Reihe Berge. Die nach rechts aufsteigende Linie ist die Bewegung der Hoffnung auf bessere Zeiten. Das Helle über dem Dunklen hat dieselbe Bedeutung.

Von links oben kommt ein Wirbel in die Mitte hinein und läuft dann jedoch nach rechts Mitte hin aus. Das ist Hoffnung auf Hilfe von außen – vielleicht auch die Hoffnung auf die Zustimmung einer Frau auf eine Beziehung, da die Linie rechts in der Mitte endet, wo sich die selber gegründete Familie befindet. Dort rechts außen in der Mitte ist der Gegensatz von dunkel und hell auch am stärksten – die Essenz der Dramatik der Gefühle, die diesem Bild zugrundeliegen.

V 6. Archäologie

In der Archäologie findet man manchmal Bilder – ohne jede Erläuterung … Daher ist auch in der Archäologie das richtige Deuten von Bildern wichtig.

V 6. a) Höhlenmalerei

Bei der Höhlenmalereien, die zwischen 45.000 und 14.000 Jahren alt sind, handelt es sich zu über 95% um Tiere.

In einem ersten Schritt kann man überprüfen, ob die dargestellten Tiere von ihrer Häufigkeit her den Tieren in der Umwelt der damaligen Menschen übereinstimmen – dann wären die Bilder sozusagen nichts anderes als ein „Photo". Das ist jedoch nicht der Fall.

Dann kann man überprüfen, ob der Magen die Hand des Künstlers geführt hat – ob die Anteile der dargestellten Tiere mit den erhaltenen Essensresten (vor allem Knochen) übereinstimmen. Auch das ist nicht der Fall.

Die Tiere müssen also Eigenschaften darstellen, die den damaligen Menschen wichtig gewesen sind. Man kann also z.B. prüfen, wo in den Höhlen die einzelnen

Tierarten zu finden sind. Da sie nicht gleichmäßig verteilt sind, kann man aus ihrer Bevorzugung bestimmter Orte (Eingang, Gang, ganz innen, kleine Nebenkammern usw.) auf ihre Bedeutung schließen.

Man kann auch überprüfen, welche Motive oft gemeinsam und welche nie nebeneinander auftreten. Daraus läßt sich dann ein „Soziogramm" der Motive bilden.

Dieses Verfahren ist letztlich nicht viel anders als bei einer Traumdeutung …

V 6. b) Göbekli Tepe

Auch in der frühen Jungsteinzeit hat man nur Bilder und Statuetten, aber keine Erläuterungen – die Schrift wurde erst in den frühen Königreichen erfunden.

Hier lassen sich im Wesentlichen dieselben Fragen wie zuvor stellen, da die ersten Tempel in der frühen Jungsteinzeit (Göbekli Tepe, Nevali Cori u.a.) von ihrer Symbolik her den Höhlen der Altsteinzeit entsprechen.

Was kommt wie oft vor?
Was kommt wie oft zusammen mit einem anderen Motiv vor?
Was befindet sich immer an einem bestimmten Ort des Tempels?
Was befindet sich immer z.B. auf der Vorderseite der Säulen?
Was befindet sich immer in einer bestimmten Himmelsrichtung?
Welche Motive sind auch aus der Höhlenmalerei bekannt?
Welche Motive sind auch aus den späteren Religionen bekannt?

Auch diese Frage lassen sich sinngemäß auf die Deutung der inneren Bilder der Menschen übertragen.

V 7. Graphologie

Die Graphologie ist die Deutung des Charakters eines Menschen aus seiner Schrift.

- dichte Schrift = Konzentration, Enge, evtl. Angst
- weite, lockere Schrift = Beweglichkeit, Sprunghaftigkeit, evtl. mangelnde Konzentration
- hohe Oberlängen (beim „t", „d", „b" usw.) = hoch hinaus wollen
- lange Unterlängen (beim „p", „q", „g" usw.) = Suche nach Wurzeln (Halt)
- nach oben rechts geneigt = Optimismus
- nach oben links geneigt = Verzagtheit

- ganz gerade = hält sich an streng an Regeln
- viele Schnörkel = zwanghaft
- weit vom Buchstaben entfernte i-Punkte u.ä. = zerfleddert, evtl. unzuverlässig
usw.

Hier finden sich dieselben Prinzipien wie beim Ba-Gua.

V 8. Mimik

Die Mimik ist ein festes System von Bewegungen der Gesichtsmuskeln, die instinkthaft verstanden werden und von den meisten Menschen nicht präzise beschrieben werden können. Die Richtung der Mundwinkel ist noch recht gut bekannt, aber die Lachfältchen in den äußeren Augenwinkeln schon weniger.

V 9. Gestik

Die Art der Bewegung sagt genauso viel aus wie die Mimik: schnell, langsam, verzagt, unsicher, mit plötzlichen Richtungsänderungen, vehement, rücksichtslos usw. Auch dies ist eine Form eines Bildes.

V 10. Sprachmelodie

Dasselbe gilt für die Sprachmelodie. Ist sie monoton? Steigt sie stets auf? Ist sie regelmäßig, melodisch, abgehackt, belegt, gehaucht, rauh, unvorhersehbar? Treten Lücken zwischen den Worten auf? Versagt die Stimme manchmal? Ist sie belegt, wohltönend, mit natürlichem Vibrato, mit Obertönen, fest, sicher, hart?

Die Stimme erschafft unabhängig von den konkreten Worten ein Klangbild, das viel über den betreffenden Menschen aussagt.

V 11. Selbstähnlichkeit

„Selbstähnlichkeit" bedeutet, daß alle Teile eines organischen Systems dieselben Eigenschaften und Strukturen aufweisen – alle Teile eines Systems haben dasselbe Horoskop …

Diese Selbstähnlichkeit findet sich bei Menschen in den Handlinien, in den Fuß-reflexzonen, in der Iris-Diagnose, die Abbildung des Körpers im Gesicht (Stirn = Kopf; Brauen = Arme; Nase = Leib; Nasenlöcher = Genitalien; Mund = After; Oberkiefer = Oberschenkel; Kiefergelenk = Knie; Unterkiefer = Unterschenkel; Kinn = Füße), die Abbildug des Körpers auf dem Ohr usw.

Letztlich kann man die Qualität des Körper-Systems in jedem Teil des Körpers wiederfinden, wenn man sich gründlich genug mit diesem Körperteil beschäftigt hat. Es findet sich überall dieselbe Qualität und auch eine Abbildung des Ganzen im Teil.

V 12. Krankheiten

Auch Krankheiten sind Bilder. Sie beginnen mit einer psychischen Störung, die, wenn sie nicht behoben wird, zu einer körperlichen Störung wird.

V 12. a) Ellbogen-Schmerzen

Der Arm ist der Körperteil, mit dem man handelt. Der Oberarm gibt die generelle Richtung in den Umraum vor, der Unterarm koordiniert vor Ort und die Hand ergreift und läßt wieder los. Somit ist der Oberarm die Öffentlichkeit, der Unterarm die Familie und die Hand die Beziehung.

Schmerzen im Ellenbogen weisen somit darauf hin, daß der Betreffende Öffentlich-keit und Familie nicht zusammenbringen kann – vermutlich tut er etwas, von dem er nicht will, daß es allgemein bekannt wird.

V 12. b) Brustkrebs

Krebs ist eine Krankheit, bei der sich Zellen übermäßig und ohne Funktion vermehren – Krebs ist also eine Jupiter-Krankheit. Es fehlt an der Umsetzung der eigentlichen Ziele, was zu einer funktionslosen Vermehrung führt.

Das Organ, in dem sich der Krebs bildet, zeigt, in welchem Bereich die eigenen Ziele nicht erreicht werden konnten. Im Falle des Brustkrebses sind dies die Themen Nähe, Geborgenheit und Ernährung.

V 12. c) Erschöpfung

Eine Frau hat bei mir wegen eines länger andauernden Erschöpfungszustandes Rat gesucht. Bei näherem Befragen stellt sich bei der betreffenden Frau heraus, daß die Erschöpfung möglicherweise auf einer Allergie beruht und das diese Allergie insbesondere gegen die Pollen von Birken, Weiden und Pappeln besteht, wobei der allergische Ausschlag vor allem am Bauch unterhalb des Nabels auftritt und oft mit Kopfschmerzen verbunden ist.

Da eine Allergie eine Störung des Imunsystems des Körpers ist, die darauf beruht, daß

     a) der Körper irrigerweise bestimmte Stoffe (hier die Pollen) als bedrohlich einstuft und sich gegen sie verteidigt,

     b) solch eine Reaktion am häufigsten dann zustandekommt, wenn der Körper schon durch Fremdstoffe (Chemikalien in der Nahrung, im Wasser und in der Luft) sehr gereizt ist, und

     c) das Verteidigungssystem des Körpers auch durch psychischen Streß gereizt ist,

kann man davon ausgehen, daß die betreffende Person Aggressionen verdrängt, sich daher in einer unterschwelligen Aggression befindet und sich diese Aggression einen Ersatzgegner, in diesem Fall die Pollen gesucht hat. Die Erschöpfung dieser Frau ist daher primär auf ihre Aggressionsverdrängung und sekundär durch die Belastung des Körpers durch die Allergie zurückzuführen.

Es stellt sich nun die Frage, warum sich die Allergie gerade gegen die Pollen der Birke, der Weide und der Pappel richtet. Zunächst fällt einmal auf, daß die Pollen die männlichen Samen, also die Entsprechung zum menschlich-männlichen Sperma sind, was auf ein sexuelles Thema schließen läßt, das mit einer Aggressionsverdrängung verbunden ist. Warum richtet sich die Allergie nun gerade gegen die Pollen dieser drei Bäume und nicht gegen die von Rose, Butterblümchen und Apfel?

Das besondere an der Birke ist, daß sie zum einen eine Pionierpflanze ist und sich fast immer als erste auf Lichtungen und in Windbrüchen ansiedelt, und daß sie einen sehr große Menge Wasser in ihrem Holz transportiert – wenn man eine Birke fällt, läuft noch einige Stunden lang Saft aus dem Wurzelstock.

Die Weide ist ein wasserliebender Baum und ist extrem regenerationsfähig.

Die Pappel ist in der Lage, das Wasser in ihrem Stamm in sehr große Höhen zu transportieren.

Alle drei Bäume sind botanisch nahe Verwandte und mit dem Wasser verbunden. Diese Bäume symbolisieren also den Wassertransport im Körper und die mit diesem Wasser verbundene Lebenskraft.

Wenn man nun den Wassertransport in große Höhen und die mit ihr verbundene Lebenskraft sowie die verdrängte Sexualität und Aggression zusammennimmt, so ergibt sich die Assoziation zu der Sushumna, dem Kanal, in dem die Lebenskraft als Tummo-Feuer das Rückgrat hinaufsteigt. Man könnte also mutmaßen, daß sich bei der betreffenden Frau eine Blockade in der Sushumna befindet, die die Sexualität und die Aggression blockiert, was dadurch bestätigt wird, daß sich der allergische Ausschlag in der Hara-Gegend befindet, wo man auch die Blockade der Sushumna erwarten sollte, wenn die Lebenskraft durch eine Blockade der Sexualität, die sich ja im Wurzelchakra befindet, verursacht worden ist.

Die Kopfschmerzen, die zusammen mit der Allergie auftreten, weisen auf die Hara/ Drittes Auge-Polarität hin, wobei hier das Hara der Ort des Energiemangels und das Dritte Auge der Bereich des Energiestaues ist. Man kann also davon ausgehen, daß die betreffende Frau in der Welt zurechtzukommen versucht, indem sie es allen recht macht (Energiestau im Dritten Auge), und daß sie leicht aus dem Gleichgewicht zu bringen ist (Energiemangel im Hara).

Nun gibt es einen Stein, der genau die Qualitäten dieser Bäume hat – der Feueropal. Er entsteht in heißen Geysiren, also an einem Ort, an dem heißes Wasser aufsteigt. In diesem heißen aufsteigenden Wasser ist Siliciumdioxyd und Eisenoxyd gelöst, daß sich dann in den Ablagerungen rund um den Geysir erst zu einem Gel und dann zu einem rötlichen Stein verbindet. Dieser Stein wirkt sehr schnell und heftig und macht fröhlich, impulsiv und begeistert und entfacht auch verdrängtes sexuelles Feuer (dabei treten ja auch heiße Flüssigkeiten auf) und führt bisweilen zu Nasenbluten (Blut = heiße Flüssigkeit; Nase entspricht Genitalien) oder einer heftig laufenden Schnupfennase (wieder heiße Flüssigkeit).

Daher könnte man der betreffenden Frau einmal einen Feueropal auf den allergischen Ausschlag auflegen und schauen, ob dies genügt, um das gestaute Feuer wieder in Gang zu bringen. Dabei ist die Analogie zwischen dem aufsteigenden Tummo-Feuer, dem aufsteigenden Sperma, den Pollen der Bäume, dem aufsteigenden Wasser in den Bäumen und dem aufsteigenden heißen Wasser im Geysir sowie die marsische Symbolik des Eisens in dem Feueropal die Grundlage für diesen Versuch.

Bisweilen, wenn die Blockade zu stark ist, reagiert man auch statt mit einem Aufsteigen der Lebenskraft mit Nasenbluten – einen heiße, eisenhaltige, rote Flüssigkeit voller Lebenskraft steigt nach oben und sucht sich einen Weg nach draußen. Das Nasenbluten ist in diesem Fall offensichtlich eine Umleitung der Lebenskraft, deren

Anregung vom Körper und der Psyche zwar nicht verhindert, aber doch immerhin in die symbolische Entsprechung zu den Genitalien im Gesicht „abgelenkt" werden kann. Die betreffende Frau wäre in diesem Fall offenbar noch nicht bereit, so schnell die Blockade ihrer Sexualität aufzugeben.

V 13.   Seuchen

Bei einer Seuche werden sehr viel Menschen von derselben Krankheit befallen. Auch hier kann man schauen, was die psychische Ursache sein kann – die in diesem Fall eine kollektive Ursache sein muß.

V 13. a) Corana-Virus

Das Corona-Virus greift die Lunge an, also das rhythmische System des Menschen. Die Atmung braucht Freiheit und Weite und ungehinderten Selbstausdruck, um funktionieren zu können – sonst wird es einem eng um die Brust und man bekommt Beklemmungen.

Sowohl die Sars-Krankheit (2002) als auch das deutlich schlimmere Corana-Virus (2020) stammen aus China. Dort wird durch die Kommunistische Partei immer massiver Druck auf das Verhalten der Menschen ausgeübt. Durch die Einführung des Punktesystem wird geradezu eine Dressur des Verhaltens der Menschen angestrebt. Das macht die Brust eng, hart und bedrückt – die ideale Grundlage für jede Form von Lungenkrankheiten.

V 14.   Homöopathie

In der Homöopathie betrachtet man das Bild der Krankheit, d.h. genauer gesagt das Bild des Zustandes eines Patienten – und sucht dann nach einem Mittel, das genau dieses Bild bei einem gesunden Menschen hervorruft.

Dies kann man als einen Analogie-Zauber ansehen – das Mittel, das ein bestimmtes Bild hervorruft, heilt sich selber bei einem Kranken.

Das Erkennen dieser Bilder erfordert dieselbe Form der Kreativität, des „anders Denkens" wie das Deuten von Träumen – auch hier wird die „Sprache des Mondes" gebraucht.

V 15. Symbole

Symbole sind sozusagen einzelne Worte der Bildersprache. Es gibt einige Worte, die aufgrund ihres Alters und ihrer Schlichtheit mehr oder weniger universell sind – aber man sollte stets danach schauen, in welchem Zusammenhang ein Motiv auftritt und ob es dort tatsächlich die traditionelle Bedeutung haben kann.

Das folgende sind nur vier Beispiele von alten und wichtigen Symbolen.

V 15. a) Sonne

Die Sonne ist das am weitesten verbreitete Symbol der Seele – es gibt nichts, was den Blick mehr anziehen würde und was auffälliger wäre.

Die Sonne gibt auch Orientierung, da man anhand ihres Standes am Himmel die Himmelsrichtungen erkennen kann. Daraus hat sich das Sonnensymbol ergeben, das aus einem Kreis und einem Kreuz in ihm besteht: Horizont, Himmelsrichtungen und Mitte.

Von diesem Motiv wurde der viergesichtige Sonnengott abgeleitet, der alle vier Richtungen, also die ganze Erde beherrscht. Daraus ergab sich das Motiv der Sonne als vierspeichiges Rad. Durch die Krümmung der vier Speichen und dem Fortlassen der „Felge" des Rades entstand die Swastika – das am Himmel entlang wirbelnde Feuerrad.

Aus dem Zyklus-Symbolik der „3" hat sich die Sonnenscheibe mit drei Beinen als Himmelswanderer ergeben – das Triskelis.

V 15. b) Schlange

Die Toten liegen in der Erde – daher lag es nahe, die Toten als Schlangen darzustellen, da diese auf und in der Erde und in Felsspalten leben.

Durch die Kombination der Schlange mit dem Seelenvogel und dem Bestattungsfeuer wurde sie zu feuerspeienden, geflügelten Drachen.

Da die Ahnen aus der Unterwelt heraus ihren Nachkommen einen Segen senden können, ist auch dieser Segen als Schlange dargestellt worden – daraus ist die Kundalini-Schlange entstanden.

Auch der Weg in die Unterwelt wurde als Schlange angesehen. Der Weg der Sonne vom westlichen Horizont unter der Erde hindurch zum östlichen Horizont wurde dabei zu einer Riesenschlange. Diese Riesenschlange wurde später zu der Regen-räuberschlange umgedeutet, die im Sommer den Regen raubt und einen endlosen, zyklischen Kampf mit dem Himmelsgott führt. Dies ist der Ursprung des Kampfes des Himmelsadlers gegen die Erdschlange.

V 15. c)   Hügelgrab

Die erste Hütte vor 1,7 Millionen Jahren war der erste Innenraum, der erste Schutzraum, den die damaligen Menschen erleben konnten. Er ist naheliegenderweise mit dem Bauch der Mutter assoziiert worden.

Als mit dem Beginn der Eiszeit vor 600.000 Jahren die Beheizung dieser Hütten mit heißen Steinen hinzukam, entstand die Schwitzhütte, die als der Bauch der Großen Mutter aufgefaßt worden ist.

Da man sich die Ankunft im Jenseits als eine Wiedergeburt vorgestellt hat, lag es nahe, über Gräbern eine Hütte oder einfach einen Reisighaufen zu errichten, der den Bauch der Erde dargestellt hat, die mit dem Toten schwanger war.

Aus den Schwitzhütten wurden zu Beginn der Jungsteinzeit vor 12.000 Jahren die ersten Tempel, die halbsteinerne Schwitzhütten gewesen sind. Die Stäbe, aus denen das Gestell der Schwitzhütte erbaut worden war, wurden durch Steinpfeiler ersetzt – beide stellten die die Ahnen dar.

Aus den Reisighügeln wurden vor ca. 8000 Jahren die aus Steinen und Erde er-richteten Hügelgräber.

Die Menhir-Anlagen haben sich aus den ersten Tempeln durch die Reduzierung auf die Ahnen-Steinpfeiler ergeben.

V 15. d)   Totempfahl

Der Totempfahl ist in der Altsteinzeit zunächst ein einfacher Stab mit einem Vogel auf ihm gewesen – das Symbol des Seelenvogels, den man z.B. durch die Astralreise bei einem Nahtod erleben konnte.

In der späten Altsteinzeit, d.h. seit ca. 50.000 Jahren, ist dieser Vogelstab immer größer und komplexer geworden und zu einem Totempfahl angewachsen, aber im Wesentlichen blieb er immer „ein Mensch mit seinem Seelenvogel".

V 16. Omen

Ein Omen ist ein Ereignis, das in dem Zusammenhang, in dem es statt findet, eine Bedeutung hat. Ein Omen ist sozusagen ein „Ereignis-Bild" und kann daher wie alle anderen Bilder auch gedeutet werden – auch Omen sprechen die „Sprache des Mondes".

V 16. a) Vogelflug

Da die Ahnen zum einen die „weisen und hilfsbereiten Wesen" sind und zum anderen die Gestalt von Seelenvögeln haben, hat man weltweit versucht, den Flug der Vögel als Hinweis der Ahnen auf die Fragen, die ihre Nachkommen gehabt haben, zu deuten.

V 16. b) Drei Pfeile

Ich bin mit einem Paar befreundet gewesen, die beide Bildhauer sind. Zu der Frau hätte ich gerne näheren Kontakt gehabt.

Eines Tages stand ich bei einem Kunstwerk, das beide gemeinsam errichtet hatten. Da kam in mir die Frage hoch, was eigentlich geschehen würde, wenn ich einfach das tun würde, was ich meinem Gefühl nach tun will und nicht ständig Rücksicht auf deren Beziehung nehmen würde.

Direkt nachdem mir diese Handlungsmöglichkeit und diese Frage bewußt geworden ist, habe ich den Drang gespürt, zu dem Graben zu gehen, der 10m von dem Kunstwerk entfernt verlief. Als ich die 4m in diesem Graben hinabgeblickt habe, durch den ein Bach aus dem Wald ins Tal hinabfloß, habe ich unten bei dem Bach drei Pfeile in der Erde stecken sehen.

Da bin ich in den Graben hinuntergestiegen und habe mir diese Pfeile genauer angesehen. Auf der Seite des Baches, die zu dem Kunstwerk hin lag, steckten zwei gleiche Pfeile nebeneinander in der Erde; auf der anderen Seite steckte ein anders aussehender Pfeil in der Erde, dessen Spitze fehlte und dessen Kerbe halb abgebrochen war.

Die Deutung war nicht schwer: Der Mann war vom Sternzeichen her Schütze, d.h. er hat mir symbolisch die Antwort mit den Pfeilen gegeben – das Omen war also möglicherweise durch den Standpunkt des Mannes geprägt.

Zwei gleiche Pfeile sind ein Paar – auf der Kunstwerk-Seite des Baches. Der dritte Pfeil ist von diesem Paar durch den Bach getrennt. Er ist zudem durch die abgebrochene Kerbe und die fehlende Spitze „kastriert".

Das sah nicht danach aus, als ob zwischen mir und der Frau viel passieren würde …

V 17.   Familienaufstellungen

Bei einer Familienaufstellung gibt es wie bei der Mimik, der Gestik und der Homöopathie ein „Handlung-Bild". Dieses Bild ist die Familien-Tradition, also ein bestimmtes Verhaltensmuster, das sich im Laufe der Zeit entwickelt hat und von Eltern zu Kindern weitergegeben wird. Durch die Familienaufstellungen kann dieses Bild deutlich werden – und vor allem auch verändert werden.

V 18.   Kornkreise

Kornkreise sind offensichtlich Bilder – allerdings nicht auf Papier oder auf Leinwand, sondern in Getreidefeldern.

Die Kornkreise sind mit großer Wahrscheinlichkeit nicht von Menschen erschaffen worden. Wenn man einen neu entstandenen Kornkreis betritt, fühlt sich das an wie eine Kraftübertragung, wie in einem kraftvollen Ritual, wie bei einer effektiven Weihung und ähnlichen Vorgängen. Das läßt auf eine telekinetische Entstehung der Kornkreise schließen.

Dazu paßt u.a. auch, daß die Getreidehalme oft an den Knoten der Halme umgebogen worden sind – was physisch unmöglich ist, da die Halme dabei brechen würden.

Doch von wem geht diese doch sehr kraftvolle und komplexe Telekinese aus? Von dem kollektiven Unterbewußtsein der Menschen? Oder ist es Gaia, also die Erde als Ganzes?

Die Getreide-Elf als Urheber ist eher unwahrscheinlich, denn warum sollte er das tun? Da sind das kollektive Unterbewußtsein der Menschen oder Gaia wahrscheinlicher – beide könnten eine Motivation haben. Allerdings lassen sich die Kornkreise bisher noch nicht alle als eindeutige Botschaft „lesen".

V 18. a)   Polarität

Die Struktur mancher Kornkreisen ist leicht zu verstehen. Einer dieser „verständlichen Kornkreise" bestehen im Zentrum aus einem großen Kreisring, in dem die

Energie pulsiert.

Dieser Kreisring wird von einer Geraden in zwei gleichgroße Hälften geteilt. An den beiden Stellen, an denen diese Gerade an dem Kreisring endet, befindet sich jeweils ein kleiner Kreis – der eine von ihnen ist eine Kreisfläche, die sich weitend und wie ein Berg anfühlt; die andere von ihnen ist ein Kreisring, der sich zusammenziehend und wie eine Höhle anfühlt. Diese beiden äußeren Kreise sind die beiden Pole, die die Energie in dem mittleren, großen Kreisring fließen und pulsieren lassen.

Ohne den großen Kreisring, also nur die beiden äußeren Kreise und die Gerade, ergibt sich das astrologische Symbol für die Opposition. Man kann den großen Kreisring in diesem Zusammenhang als den Tierkreis auffassen, in dem sich dieser astrologische Aspekt befindet.

Dieser Kornkreis entspricht von seinem Aufbau her dem, was Rudolf Steiner „Dreigliederung" genannt hat.

V 18. b) Symbole

Einige Kornkreise stellen auch bekannte Symbole und Graphiken dar wie z.B. die mathematische Mandelbrot-Menge, die mathematische Julia-Menge oder die drei obersten Sephiroth des kabbalistischen Lebensbaumes.

V 19. Gegenstände

Auch Gegenstände sind Bilder im Sinne der „Sprache des Mondes". Allerdings ist das nicht allzuoft von größerer Bedeutung. Wenn man jedoch einen Gegenstand in der Magie benutzt oder ihm auf sonst eine Weise eine große Bedeutung z.B. als Symbol gibt, wird die Aussage seines Bildes wichtig.

Dabei gibt es eine Reihenfolge der Eigenschaften dieses Gegenstandes, in der sie wichtig sind:

1. das, was der Gegenstand darstellt, also z.B. ein Ring in der Form einer Schlange oder ein Eucharistie-Kelch oder eine Buddha-Statue

2. die Form des Gegenstandes, also z.B. ein geschlossener oder offener Schlangen-Ring, ein schlanker oder breiter Eucharistie-Kelch, die Haltung der Buddha-Statue

3. die Symbole u.ä., die beigefügt sind, z.B. ein Edelstein im Kopf der

Ring-Schlange, ein Kreuz auf dem Kelch oder der Dämon Maya vor der Buddha-Statue

4. das Material, aus dem der Gegenstand gefertigt worden ist, z.B. Gold (Sonne), Silber (Mond) oder Kupfer (Venus)

5. die Qualität, in der der Gegenstand angefertigt worden ist

Daher ist es sinnvoll, die Geschichte des Gegenstandes, also die Symbolik der Schlangen oder des Kelches bzw. die Geschichte und Lehre des Buddha zu kennen. Das ist das, was sich letztlich durch den Gegenstand zeigen wird, wenn er in irgendeinem Zusammenhang eine zentrale Stellung erhält.

Die Schlange wird immer ein Symbol der Lebenskraft, der Kundalini, der Ahnen, des Jenseitsweges usw. sein – egal, welche Assoziationen mit dieser Schlange verbindet.

Wenn der Ring geschlossen ist, wird die Lebenskraft gefangen sein – im besten Fall ist sie ein Bild der schlafenden Kundalini, im schlimmsten Fall ein Bild der gefangenen Lebenskraft und somit des Schattens der Lebenskraft. Wenn der Ring offen ist, ist die Lebenskraft frei und die Kundalini kann aufsteigen.

Wenn die Ring-Schlange einen Rubin auf ihrem Kopf trägt, wird sie feurig sein, wenn sie einen Diamanten auf ihrem Kopf trägt, wird sie einsgerichtet sein, wenn sie eine Apatschenträne auf ihrem Kopf trägt, wird sie sehr vehement sein, wenn sie einen Feueropal auf ihrem Kopf trägt, wird sie vor allem auf die Kundalini wirken usw.

Das Material, aus dem der Gegenstand besteht, ist sozusagen die „Farbe" des „Bildes": Gold steht für Sonne, Herzchakra, Seele und das Strahlen; Silber für die Lebenskraft, die sechs äußeren Chakren und das Fließen; Eisen für Kraft, Stärke, Taten und für das Handeln usw. Das Material zeigt, in welcher Form bzw. in welchem Bereich der Gegenstand vorzugsweise wirkt.

Die Qualität der Verarbeitung hat nur wenig Bedeutung – ein besonders sorgfältig bearbeiteter Gegenstand ist beeindruckender und daher für die Verwendung in kollektiven Ritualen u.ä. besser geeignet als ein nur grob geformter Gegenstand, aber auch ein schlichtes Voodoo-Püppchen kann gut funktionieren.

Ein weiterer Aspekt des Bildes von Gegenständen ist die Vorstellung, die man innerlich mit diesem Gegenstand verbindet. Diese unbewußten Vorstellungen oder absichtlichen Imaginationen werden sich jedoch nicht gegen die Form des Gegenstandes durchsetzen können – ein Schwert ist einfach ein ungeeignetes Symbol für Liebe und eine Buddha-Statue eignet sich nicht für einen Zauber, der von Haß getragen wird.

V 20. Orakel

In Orakeln werden Bilder oder Symbole benutzt, die in ihrer Gesamtheit die Welt darstellen und daher ein Spiegelbild der Welt sind, sodaß man anhand der „per sinnvollem Zufall" ausgewählten Bilder bzw. Symbole den Zustand der Welt erkennen kann.

Diese Bilder bzw. Symbole sind in den traditionellen Systemen bereits von Anfang an in ihrer Bedeutung definiert und liegen daher fest. Lediglich in Orakel-Systemen, die auf Gegenständen beruhen, die nur für den Benutzer eine Bedeutung haben, sind diese Bilder bzw. Symbole individuell (z.B. der Zahn eines Raubtiers, von dem man einmal verletzt worden ist; ein Kristall, den man während eines Rituals gefunden hat u.ä.).

V 21. Namen

Namen können Bilder sein, wenn sie das Bezeichnete beschreiben. Die allereinfachste Form eines solchen Namens sind Bezeichnungen wie „Kuckuck", die sich von dem Ruf des betreffenden Tieres ableiten.

Es gibt jedoch auch Namen, hinter denen sich eine größere Geschichte verbirgt. Ein gutes Beispiel dafür ist der Name des aztekischen Gottes Tezcatlipoca, der „Rauchender Spiegel" bedeutet.

Tezcatlipoca ist ein Schamanengott und Kriegsgott – ähnlich dem germanischen Odin. So wie der Bär das Tier des Odin ist, ist der Jaguar das Tier des Tezcatlipoca – das Großraubtier ist weltweit der Begleiter der Schamanen.

Als Schamanengott kann Tezcatlipoca auch hellsehen, d.h. die Lebenskraft wahrnehmen. Beliebte Hilfsmittel beim Erlernen des Hellsehens sind die Kristallkugel und der Spiegel – sie sind die Leinwand, auf die man innere Bilder projizieren kann. Das Bild, das in der Kristallkugel bzw. auf dem Spiegel erscheint, ist sozusagen eine „örtlich begrenzte Vision" – die Vision wird auf die Kristallkugel bzw. auf den Spiegel begrenzt.

Der Rauch hat bei den Indianern allgemein die Symbolik der Lebenskraft und des Atems – ähnlich den Vorstellungen der Ägypter, die den Weihrauch aus diesem Grund „Senetjer", d.h. „das, was göttlich macht" genannt haben. Wegen dieser Vorstellung benutzen die Indianer in Ritualen eine Pfeife – sie räuchern auf diese Weise mit Tabak. Der Pfeifenkopf stellt das dar, womit sich der Indianer beim Rauchen verbindet, und das Pfeifenrohr ist die Verbindung zu dem, was der Pfeifenkopf darstellt (Weltenbaum, Mittlere Säule, Nabelschnur).

Ein „rauchender Spiegel" ist also ein Spiegel, in dem die Lebenskraft erscheint. Im

Westen spricht man in diesem Zusammenhang meist von milchigweißem Nebel, der in der Kristallkugel bzw. in dem Spiegel erscheint.

Der Gott Tezcatlipoca ist also der Gott, der die Lebenskraft sehen kann und der den Schamanen hilft, ebenfalls die Lebenskraft zu sehen.

V 22. Horoskop

Ein Horoskop ist ein „graphisches Bild", das die Qualität eines Augenblicks darstellt. Alle Dinge, die in einem bestimmten Augenblick selbständig werden, also ein Mensch bei seiner Geburt, ein Unternehmen bei seiner Gründung usw., behalten diese Qualität bei solange sie existieren.

Ein Horoskop ist wie ein Schauspiel aufgebaut, das ein „Handlungs-Bild" ist:

> Aszendent: Bühnenbild
> Planeten: Schauspieler
> Tierkreiszeichen: Rollen der Schauspieler
> Häuser: Orte auf der Bühne (Aktions-Bereiche der Schauspieler)
> Aspekte: Drehbuch
> Zentrum des Horoskops: Regisseur (bewußtes Ich)
> über dem Horoskop: Drehbuch-Autor (Seele)

V 23. Traumreisen-Beispiele

Die beiden Bereiche, in denen das Verstehen der „Sprache des Mondes" am wichtigsten ist bzw. in denen diese Sprache am häufigsten gebraucht wird, sind die Deutung der Träume und die Deutung der Traumreisen.

Die beiden folgenden Traumreisen sind zwei Beispiele für eine Reise zur eigenen Mitte, also zur eigenen Seele. Bei diesen Traumreisen habe ich die Betreffenden begleitet und wir haben während der Traumreise miteinander gesprochen. Ich bin dabei zwar nicht mit in der Traumreise, also mit in den Bildern, die der Betreffende sieht, sondern sitze nur daneben, aber ich sehe trotzdem einen großen Teil der Bilder auch selber.

V 23. a) Traumreise zur eigenen Mitte 1

Die Frau geht in ihrer Vorstellung durch das Mitte-Symbol (ein Hexagramm mit der Sonne im Zentrum). Sie öffnet eine Tür, auf der sich das Symbol befindet und sieht eine Hügellandschaft mit viel Gras, Alleen mit Bäumen, alles ist kräftig und grün, die Sonne scheint.

Gras: kaum organisierte Lebenskraft
Allee: Der Weg zur Mitte ist offenbar frei und ist schon oft begangen worden. Hier hat sich die Lebenskraft schon zu in reihen stehenden Bäumen organisiert.
kräftig und grün: Lebendigkeit
Sonne: Symbol der Mitte

Harry: „Gibt es etwas, was Dich anzieht?"
Die Frau hat keinen besonderen Fokus und genießt nur den Ausblick auf die Landschaft.

Genuß: in Frieden mit sich selber sein

Harry: „Suche Dir ein Stöckchen und bestimme, welche Spitze vorne sein soll. Lege es auf den Boden und lasse es kreiseln. Dann soll es zur Mitte in der Vision weisen."
Frau: „Es zeigt von mir weg nach vorne."

nach vorne: direkt auf das Ziel zu

Harry: „Willst Du dorthin gehen?"
Frau: „Ja."
Harry: „Was ist da?"
Frau: „Ein Haus aus roten Ziegel, eher klein, eine Hütte mit großen Fenstern."

Haus: Wohnort, Zivilisiation
große Fenster: offen für die Welt

Harry: „Willst Du reingehen?"
Frau: „Ja."
Harry: „Was siehst Du dort?"
Frau: „Nicht viel, es ist ganz dunkel in der unteren Etage. Ich gehe die Treppe hoch – dort ist es ganz hell."

untere Etage: Bauch – ist dort ein Problem? Etwas Unbewußtes?
obere Etage: Kopf – bewußte Ansichten … Anpassung?

Harry: „Was siehst Du?"
Frau: „Fenster, durch das Licht reinkommt, ein leerer Raum, ein Dachgeschoß,

keine Möbel."

leeres Dachgeschoß: leerer Kopf? Was fehlt hier?
Fenster: Kontakt nach außen zur Welt

Harry: „Nimm eine handvoll Licht mit nach unten und schau, was unten ist."
Frau: „Die Dunkelheit war bedrohlich, jetzt ist es ein gemütliches Wohnzimmer mit Couch, Bücherecke, Kamin ..."

Warum war das Zimmer dunkel – war ihr nicht bewußt, daß man in seinem Bauch zuhause sein kann?

Harry: „Magst Du das Haus fragen, was normalerweise oben in leerem Zimmer passiert?"
Frau: „Ich kann es nicht herausfinden ..."

Warum ist das obere Zimmer leer? Ist da etwas verdrängt worden?

Harry: „Magst Du das Wesen herbeirufen, dem das Haus gehört?"
Frau: „Es gehört einem alten Mann."
Harry: „Magst Du ihn beschreiben?"
Frau: „Er hat einen ganz großen weißen Bart, ist klein und stämmig, hat liebevolle und sanfte Gesichtszüge."

Das klingt nach Weisheit – diese Weisheit wohnt in dem eigenen Körper ... eine alte, männliche Weisheit im Körper einer jungen Frau? Warum ist das ein Mann?

Harry: „Will er Dir etwas sagen oder zeigen?"
Frau: „Er zeigt mir seinen Garten, Teich und Pferde."

Der alte Mann ist offenbar naturverbunden und stellt eine organische Weisheit dar.

Harry: „Spricht Dich ein Pferd besonders an?"
Frau: „Ein braunes Pferd, hellbraun-beige, ich habe es schon gesehen, als ich zu dem Haus gegangen bin."
Harry: „Möchte das Pferd Dir etwas sagen oder zeigen?"
Frau: „Ich möchte mit ihm ausreiten."
Harry: „Willst Du das tun?"
Frau: „Ja."

Ist das das Krafttier? Oder einfach die Kraft des eigenen Körpers? Da das Pferd zu dem alten Mann gehört und da Teich und Garten und Pferd auch zu dem Haus gehören, ist es wohl eher einfach die Kraft des Körpers.

Harry: „Was erlebst Du?"

Frau: „Das Gefühl von schnellem Galoppieren ... die Landschaft ändert sich, große weiße Berge mit Schnee obenauf ... ich reite durch einen Tunnel ..."

Harry: „Ist auf beiden Seiten des Tunnels ist dasselbe, dieselbe Landschaft?"

Frau: „Der Tunnel ist innen schwarz ..."

Harry: „Bist Du z.B. auf einer Wiese in den Tunnel rein geritten und in einer Wüste rausgekommen?"

Frau: „Nein, auf beiden Seiten ist dasgleiche ... bergig, hügelig, diegleiche Flora und Fauna ... es ist sich beides ähnlich ..."

Warum ist da ein dunkler Tunnel in der Landschaft, wenn er nirgendwo anders hinführt? Er führt unter großen Bergen hindurch – große Berge sind etwas Großes, Wichtiges, eine markante Form, eine wichtige Eigenschaft der Psyche. Die Berge sind keine Grenze und der Tunnel keine Verbindung, da auf beiden Seiten dasselbe ist. Die Kraft führt durch diesen Tunnel – ist das evtl. die Vagina der Frau? Dann wäre das Pferd u.a. auch die eigene sexuelle Kraft.

Harry: „Weiß das Pferd etwas besonders Wichtiges für Dich?"

Frau: „Weiß ich nicht ..."

Harry: „Hast Du Lust, zu dem Haus zurückzureiten?"

Frau: „Eigentlich nicht."

Will die Frau in sich die Freiheit und Kraft des Pferdes bewahren?

Harry: „Hast Du Lust zu fragen, ob der alte Mann zu Dir kommen mag?"

Frau: „Ja."

Harry: „Ist er zu Dir gekommen?"

Frau: „Ja, wir sitzen gemeinsam an dem See."

Sie sitzen beide an dem Teich/See an dem Haus des Alten. Er scheint die Frau zu führen.

Harry: „Magst Du ihn fragen, wer er ist?"

Frau: „Ja – er sagt, er ist das Jetzt."

Der alte Mann scheint eine Art Taoist zu sein – im Hier und Jetzt sein, naturverbunden, er kennt die Kraft (Pferd) und offenbar auch noch mehr – etwas, das in dem Teich ist ...

Harry: „Magst Du ihm sagen, daß Du Deine Mitte suchst – kann er Dir sagen, wie Du dahin kommst?"

Frau: „Ja ... er sagt: Erkenne die Schönheit. Er schlägt vor, daß ich durch See, an dem wir sitzen, schwimme."

Die Schönheit ist die Harmonie aller Teile eines Ganzen. Die Grundlage dieser

Harmonie ist die Selbstähnlichkeit aller Teile dieses Ganzen. Die Schönheit erscheint, wenn alle Teile so sind, wie sie wirklich sind, da dann die Selbstähnlichkeit aller Teile miteinander sichtbar wird – die Schönheit.

Ein See in einer Ebene könnte ein Symbol der Mitte sein – er erscheint auf vielen Traumreisen zur Mitte. Ein See ist tiefes Wasser, das folglich etwas verborgen halten könnte.

Harry: „Magst Du das machen?"
Frau: „Ja."
Harry: „Was erlebst Du?"
Frau: „Ich liebe die erfrischende Temperatur des Wassers, ich schwimme und schwimme ... da ist eine Insel ... Vögel kommen zu mir ... alles ist voller Leben, alles ist fruchtbar ... ich komme ans Ufer der Insel, ich stehe dort, ich lasse den Ort auf mich wirken ..."

See, Insel, Erfrischung, Leben, Fruchtbarkeit – dieser Ort muß nah an der Mitte sein.

Harry: „Magst Du die Mitte bitten, sich Dir zu zeigen?"
Frau: „Ja."
Harry: „Was erlebst Du?"
Frau: „Ich habe die Frage in die Weite gerufen ... da kam ein ganz großer majestätischer Vogel ... er hat sich mir offenbart ... er ist weißglänzend wie Schwan, aber viel größer als ein Schwan und auch größer als ich ... er bringt eine ganz große Stille und einen großen Frieden mit sich ... er kommt auf mich zu ..."

Das klingt nach dem Krafttier ... möglicherweise auch die Muttergöttin der Schwäne, da der Vogel deutlich größer als Schwan ist.

Die Stille und der Frieden weisen entweder auf die Seele oder die Schwan-Muttergöttin hin. Sie sind beide kein typisches Merkmal der Krafttiere.

Harry: „Was erlebst Du jetzt?"
Frau: „Ich fühle mich total berührt von dieser Begegnung, sehr getröstet ... Stille, Geborgenheit, Sicherheit ..."
Harry: „Was erlebst Du?"
Frau: „Ich spaziere auf der Insel mit dem Schwan umher ... in Mitte von Insel ist eine Lichtung, dort ist etwas ganz Helles, wie so'n steiler Hügel in der Mitte, der durch die Sonne golden-gelb strahlt ..."

Der Weg zur Mitte besteht hier aus konzentrischen kreisen: Ebene – See – Insel – Hügel – goldenes Leuchten

Die Konzentrik, das Gold und das Leuchten sind alle drei sichere Symbole der Mitte.

Harry: „Magst Du Dich in das Licht stellen?"

Frau: „Ja ... das Licht ist total warm und energetisierend ... ich fange an ausgelassen zu lachen ... ich fange Schmetterlinge und renne wild in dem Bereich herum und fühle mich ganz verspielt und aufgeweckt und lebendig ... der Schwan ist in der Nähe, aber er liegt ganz ruhig daneben und schaut mir beim Spielen zu ... ich habe auf dem Hügel eine große Glaskugel gefunden ..."

Die Glaskugel ist noch einmal ein Schritt weiter zur Mitte – und auch wieder ein häufiges Mitte-Symbol.

Die Frau entdeckt hier offenbar ihr eigentliches, kraftvolles und verspieltes Wesen – Schmetterlings-artig ...

Harry: „Magst Du sie fragen, was sie ist?"

Frau: „Ja ... sie antwortet nicht, aber ich schaue auf Glaskugel und sehe ein Spiegelbild von mir selber."

Harry: „Hast Du ein Gefühl dabei?"

Frau: „Das Spiegelbild kommt mir neu vor ... ich bin viel kindlicher als ich dachte ... ich bin überrascht ... ich kann mich nicht wirklich wiedererkennen ..."

Das Spiegelbild ist ein weiterer Hinweis, daß die Frau ihre Mitte gefunden hat – aber offenbar kennt sich sich selber noch nicht ganz.

Harry: „Kannst Du Eigenschaften erkennen?"

Frau: „Ich trage einen roten Hut oder so was Ähnliches ... sonst kann ich nichts wirklich erkennen ..."

Ist der rote Hut ein Zeichen der Kraft?

Harry: „Magst Du das junge Gesicht fragen, warum es Dir erscheint?"

Frau: „Um mich selbst zu erkennen."

Harry: „Erkennst Du Dich wieder?"

Frau: „Nein."

Harry: „Magst Du das Gesicht fragen, was Du tun kannst, um Dich selber wiederzuerkennen?"

Frau: „Das Gesicht sagt: 'Werde wieder zum Kind.'"

Harry: „Weißt Du, wie Du das machen kannst?"

Frau: „Im Jetzt sein, spielen ..."

Harry: „Was geschieht jetzt?"

Hier wiederholt sich die Aussage des alten Mannes, der das Jetzt verkörpert. Durch das Jetzt wird die Frau wieder zum Kind.

Frau: „Die Kugel ist aus meiner Hand gefallen, sie rollt den Lichthügel runter zum

Schwan ... ich gehe den Berg hinab, der Schwan nimmt die Kugel ... wir laufen durch den Wald auf der Insel, kommen zu einem Moor ... das ist nicht im Licht, sondern im Schatten, richtig schwarz, bedrohlich, düster, schwarz, nicht mehr in der Sonne ...“

Hier nähert sich die Frau dem Problem: Es liegt im Dunkel verborgen – wie zuvor in der unteren Etage in dem Haus.

Harry: „Magst Du den Schwan nach der Dunkelheit fragen?“
Frau: „Ja ... er sagt nichts, aber er zeigt mir, daß ich schauen soll, daß ich meine Aufmerksamkeit auf das Moor richten und sehen soll ... ich beobachte, wie faustgroße, runde, schwarze Steine/Brocken aus dem Moor heraufkommen und in der Luft schweben ... sie sind nicht wie Steine, sondern eher lebendig, aber sie sind auch keine Lebewesen ...“

Das Problem kommt von unten aus dem Dunkeln herauf: die dunkle, untere Etage des Hauses, die Steine in dem Moor und vermutlich auch der dunkle Tunnel unter dem großen Berg ...

Solche Wiederholungen von Symbolen, Situationen oder Strukturen sind für die Reise zur eigenen sehr typisch.

Harry: „Magst Du die Steine fragen, was sie sind, warum sie kommen?“
Frau: „Es kommt nichts Eindeutiges, was ich formulieren könnte ...“
Harry: „Magst Du den Schwan fragen, ob das, wo Du bist, genügt, damit Du Dich selber sehen kannst?“
Frau: „Der Schwan sagt nichts, aber ich verstehe ihn wortlos: Ich soll diese schwarzen Teile fühlen und verstehen ... Ich öffne meinen Bauch und meine Brust, alle Teile fliegen in mich hinein und ich sehe, daß sie sehr große Schmerzen haben, wie Krämpfe, wie ein starkes Leiden und Schreien bis ich zusammenbreche ...“

Offenbar ist hier ein alter Schmerz verdrängt gewesen, der in Brust und Bauch lag – die untere Haus-Etage, der Tunnel unter dem Berg, die schwarzen Steine im Moor ... und die obere Etage wußte nichts davon und auch nicht der Schnee oben auf den Bergen und das Licht auf dem Hügel ...

Harry: „Magst Du den Schwan nach Hilfe fragen?“
Frau: „Ja ... er hilft auch schon ohne daß ich ihn frage ... ich liege auf dem Schwan, er läuft weiter, er verläßt das Moor, er geht durch den Wald ...“

Der Wald ist ein Hinweis für organisierte Lebenskraft.

Harry: „Kann der Schwan oder das Licht Dir sagen, ob Du mit den Steinen in Dir noch irgendwas tun sollen oder ob es gut so ist?“
Frau: „Ich soll zum Fluß gehen und sie auswaschen ... mich auswaschen und

dadurch auch die Steine auswaschen ... ich gehe zum Fluß, wasche mich aus und wasche Steine aus ... das Wasser ist blau, ich bin direkt an der Quelle des Flusses ... er sprudelt da raus ... er wäscht die schwarze Farbe aus den Steinen raus ... das Wasser wird davon dunkel ... ich finde meine Energie zurück, ich kann wieder laufen ..."

Anscheinend besteht die Heilung aus der Rückkehr zum Fließen (Fluß) – was dem „Jetzt" des alten Mannes und des Gesichtes in der Kugel entspricht.

Harry: „Wo bist Du jetzt?"
Frau: „Ich bin auf dem Schwan, wir sind in der Luft, wir fliegen ... wir fliegen an dem alten Mann vorbei, der noch am See sitzt ... wir fliegen einfach weiter ... wir haben kein Ziel ..."
Harry: „Magst Du den Schwan fragen, ob Du für heute genug gesehen hast oder ob er Dir noch etwas zeigen mag?"
Frau: „Ich habe für heute genug gesehen."
Harry: „Dann kehre zum Eingang zurück, bedanke und verabschiede Dich, wenn Du magst, und kehre dann durch die Tür zurück."
Frau: „Ja."
Harry: „Bist Du zurück?"
Frau: „Ja."

V 23. b) Traumreise zur eigenen Mitte 2

Der Mann geht durch die Tür mit dem Mitte-Symbol (Hexagramm mit Sonne im Zentrum).
Mann: „Hier scheint Nebel zu sein ... Rauch, Nebel ...

Das, was der Mann sieht, wenn er sich seinem Inneren zuwendet, ist Nebel – er ist nicht gewohnt, sich selber zu sehen, oder fürchtet sich davor, sich selber zu sehen.

Harry: „Ist der ganz still oder zieht der irgendwo hin?"
Mann: „Ne, der ist so wolkenmäßig, so am rumwirbeln ..."
Harry: „Zieht das alles von links nach rechts oder wirbelt das alles im Kreis?"
Mann: „Das wirbelt so ... also keine bestimmte Richtung."
Harry: „Welche Farbe hat das?"
Mann: „Grau ... grau-weiß ..."
Harry: „Gibt es da in irgendeiner Richtung etwas, was heller ist oder dunkler, ruhiger oder bewegter oder so ..."
Mann: „Hm ... das ist eher so'n Einheits-Grau ..."
Harry: „Magst Du in Deiner Vorstellung einfach mal ein paar Schritte vorwärts

laufen und einfach mal gucken, ob das gleich bleibt oder sich ändert?"

Das „sich nicht sehen" ist recht ausgeprägt.

Mann: „Hm ... also, ehrlich gesagt, habe ich ein bißchen Angst, daß es da runter-gehen könnte ..."

Offenbar hat der Mann Angst vor seinem eigenen Inneren.

Harry: „Aha ... dann hock Dich mal in Deiner Vorstellung hin und leg die Hände auf die Erde – also, auf das, worauf Du da halt stehst. Kannst Du fühlen, was das ist? Ist das Erde oder Stoff oder Holz oder ... was auch immer?"
Mann: „Ich würd sage Erde."
Harry: „Mhm ... wenn Du mal genauer tastet – ist das sandig, ist das Humus, sind da Steine drin?"
Mann: „Ja, sandig ..."
Harry: „Sandig ..."
Mann: „Aber fester Sand ..."
Harry: „Ah ja ... kannst Du mit den Händen drin graben oder ist der zu fest?"
Mann: „Ne – ist zu fest ..."
Harry: „Ah ja ... also fast wie Sandstein."
Mann: „Ja."
Harry: „Kannst Du sehen, welche Farbe der hat?"
Mann: „Ja – dunkelbraun."

Sand ist zerriebenes Gestein – da hat es eine große Kraft gegeben, die die ursprüng-lichen Formen zerstört hat. Auch die Farbe des Sandes hat keinen markanten Charak-ter behalten können – Braun ist die Mischung aller Farben, also kein klarer Stand-punkt, evtl. auch ein „Fäulnis-Prozeß".

Harry: „Mhm ... kannst Du einfach mal umherschauen, ob Dir irgendwo was auf-fällt, ob da was liegt oder ob da irgendetwas anders aussieht?"
Mann: „Ich hab das Gefühl, ich stehe auf einem Berg irgendwie – da sind so'n paar Felsen ... so unten am Boden 'n paar Felsvorsprünge ... deswegen hatte ich eben auch das Gefühl, da runter fallen zu können ... wenn ich da einfach nach da vorne geh ..."
Harry: „Mhm ... magst Du mal zu einem dieser Felsen hingehen?
Mann: „Ja ... aber das geht nur in der Hocke irgendwie ... da drüber ist alles Nebel ..."
Harry: „Ach, da unten ist kein Nebel?"
Mann: „Ne, da ist klare Sicht."
Harry: „Du kannst, wenn Du willst, diesen Nebel mal fragen, wer er ist und warum er eigentlich da ist."

Mann: „Den Nebel?"

Harry: „Ja, den Nebel ansprechen: 'Hallo Nebel – wer bist Du? Was machst Du hier?'"

Mann: „Irgendwie kommt da nix …"

Harry: „Mhm …"

Das klingt, als würde sich der Mann fürchten, überhaupt nur zu fragen – die Angst vor dem eigenen Inneren ist ziemlich groß.

Der Felsen ist das einzig Feste, Markante – die Angst des Mannes …

Mann: „Ja irgendwie trau ich mich auch gar nicht da hoch zu gehen in den Nebel – das wirkt irgendwie sehr negativ auf mich … es ist auch dunkel da oben …"

Harry: „Ja, dann bleib einfach mal da unten, wo Du grad bist."

Mann: „Mhm."

Harry: „Du könntest auch einfach mal ausprobieren, einen Wind zu rufen, der den Nebel lichtet, damit Du mehr sehen kannst."

Mann: „Mmm ja – jetzt ist der Nebel weg … jetzt ist die Sonne da …"

Offenbar gibt es noch einen Rest von Erkenntniswillen (Luft) – aber sonst hätte der Mann mich auch nicht um einer Traumreise zu seiner Mitte gebeten.

Harry: „Mhm … kannst Du jetzt besser erkennen, wo Du bist?"

Mann: „Ja, auf so'm Berg halt … da steh ich … da geht's zu grünen Wiesen runter … das ist auch gar nicht so hoch, wie ich dachte …"

Harry: „Ah ja …"

Mann: „Das hat so was Irisches, so irische Landschaft … ja, so'n bißchen 'Herr der Ringe'-Landschaft, aber nicht ganz so hoch … da ist eine Hügel-Landschaft vor mir … aber schönes Wetter … die Sonne scheint …"

Offenbar gibt es unten doch noch ein „schönes Land". Der Mann erkennt auch, daß der Berg, auf dem er steht, gar nicht so hoch und gefährlich ist.

Harry: „Mhm … Du kannst, wenn sich das gut anfühlt für Dich, ein rotes Woll-knäuel herbeirufen, ein Ende des roten Wollfadens um Dein Handgelenk binden und es dann in die Luft werfen und ihm sagen, daß es da runterfallen soll, wo Deine Mitte ist. … … … Klingt das für Dich gut?"

Mann: „Nein …"

Harry: „O.k. … ehm …"

Das klingt so, als ob der „rote Faden" eine zu direkte Methode für den Mann sei.

Mann: „Ich seh da links 'n Weg – da führt ein Weg lang … da im linken Augen-winkel … Also ich steh auf diesem Sand da – das ist'n Pfad … und der geht so links runter, seh ich – aber nur so aus dem linken Augenwinkel …"

Links ist die Vergangenheit – und der Mann sieht den Weg zu dem „lebendigeren Land" unten auch nur so halb …

Harry: „Willst Du da mal langgehen?"

Mann: „Ja … könnte man mal machen, ne? … Irgendwie komm ich da nicht so richtig hin … Ich seh den Weg, aber ich komm nicht richtig vorwärts …"

Harry: „Ah! … Du könntest den Weg fragen, ob er Dir hilft zu gehen …"

Mann: „Der ist noch nicht so ganz klar, der Weg … den ahne ich nur, daß der da lang geht, den seh ich nur so aus dem Augenwinkel … das ist ein Weg … aber ich kann den mal fragen … mmm … ob er in bißchen klarer … er ist für mich so starr … ich guck so in die falsche Richtung, um den Weg auch zu gehen … so … Ich müßte mich einfach so'n bißchen nach links drehen …"

Falsch, starr … die Angst vor sich selber prägt das Verhalten dieses Mannes.

Harry: „Du könntest auch den Weg fragen, ob er eigentlich zu Deiner Mitte führt."

Mann: „Ob der Weg zu meiner Mitte führt?"

Harry: „Ja …"

Mann: „Ich weiß nicht, wie ich den fragen soll …"

Harry: „Sprech ihn einfach innerlich an …"

Mann: „Der hört mir gar nicht zu …"

Harry: „Der hört Dir nicht zu?"

Mann: „Ne."

Harry: „Mhm …"

Mann: „Also, ich glaub, das ist nicht mein Weg …"

Ein weiteres Ausweichmanöver …

Harry: „O.k. … wie würde sich das anfühlen, einfach mal geradeaus den Berg runter zu laufen?"

Mann: „Also ne, das ist'n Vorsprung … also geradeaus, da geht's dann doch 'n bißchen runter …"

Harry: „Mhm … und kannst Du da irgendwo drumherum gehen?"

Mann: „Also, wenn ich könnte, würde ich schon links diesen Weg nehmen … ich könnte mir schon vorstellen, daß der da irgendwo da unten hinführt, der da links langgeht, aber irgendwie … äh … kann mich so garnicht bewegen … so … ich bin relativ statisch … also, ich kann nicht einmal meinen Kopf drehen … so … so'n Gefühl … schon gar nicht meinen Körper … also, irgendwie so … Ja, aber geradeaus irgendwie so geht halt nicht – da ist so'n Felsvorsprung – da kommen dann erst mal ein paar Meter, da will ich auch nicht runtergehen, nicht runterklettern, das ist … so … das ist mir dann doch ein bißchen zu hoch … Ich fühl mich so'n bißchen gefangen gerade ..."

Angst ...

Harry: „Ja ... das sehe ich auch so ... Wenn Du magst, kannst Du auch die Sonne fragen, ob Sie Dir sagen kann, was Du da gerade am besten machen kannst."
Mann: „Ich kann die Sonne gar nicht sehen – ich seh nur, daß sie scheint ... ehm ... äh ... ich kann sie so nicht sehen ... Ich weiß nicht, ob da'n Baum davor steht oder so ..."

Und noch einmal ein Ausweichen.

Harry: „Ja ... ich glaube, es ist was anderes nötig ... Du kannst mal, wenn sich das für Dich gut anfühlt, die Hand vor Dich auf den Boden legen und sagen: 'Hier an dieser Stelle soll jetzt das erscheinen, was mich hier oben festhält.' Weil ... Du bist ja da wie gefangen ..."
Mann: „Ja ..."
Harry: „Und daß das da jetzt mal erscheint, damit Du das sehen kannst ..."
Mann: „O.k. ..."
Harry: „Kannst Du da etwas sehen?"
Mann: „Ich habe gerade ... ich habe kurz gedacht, daß ich mich da selbst sehe ... als Kind erst ... das ist alles sehr unscheinbar ... dann von heute ein Bild ... dann von meinen Neffen ... von meinem Vater ... und alles so ... wie so 'ne Diashow, so hintereinander, so durchgeschaltet, die wechseln ständig ... das läuft da so ab und immer wieder kommen auch Photos von mir ... auch sehr unscheinbar, nicht so ganz erkennbar ..."
Harry: „Du könntest das Ganze bitten, daß es Dir die Essenz davon zeigt, das Wichtigste – weil ..."
Mann: „Ja, das bin schon ich selber ..."
Harry: „Mhm ... Wie siehst Du da aus?"
Mann: „Ich seh mich ein bißchen wie in der Situation jetzt, also mit Augen zu ... So'n Spiegel von mir gerade, wie ich hier halt gerade sitze ... liege ... eher grau ... eher so 'ne Silhouette ... von meinem Spiegelbild ..."

Er hat vor sich selber Angst ...

Harry: „Kannst Du dieses Spiegelbild fragen, was es braucht, um Dich freizulassen?"
Mann: „Kann ich machen ... hm ... das scheint irgendwie zu schlafen ... reagiert auch gar nicht ..."
Harry: „Du könntest, wenn Du möchtest, versuchen zu erkennen, was die Motivation von diesem Spiegelbild ist – warum es Dich da festhalten will."
Mann: „Ich könnte was? Die Motivation ...?"

Harry: „Ja – die Motivation von diesem Spiegelbild ... ob Du die sehen kannst ... Also, Du hast ja da das hin gerufen, was Dich da festhält da oben auf diesem Hügel ...“

Mann: „Ja ...“

Harry: „... und dieses Spiegelbild muß ja irgendeinen Grund haben, daß es das macht.“

Mann: „Das reagiert einfach nicht ... so, wie sich das Spiegelbild jetzt darstellt, kann ja auch nichts passieren ... so ... mein Impuls ... also ... da ist jetzt alles sicher ... solange man nichts tut, kann ja auch nichts schiefgehn ... Das sieht aus, echt, wie so'n Dornröschen-Schlaf ... Ja! Genau! Das hat was von Dornröschen, so ... das ist da am schlafen, mein Spiegelbild und ... ja ... das ist ...“

Ein weiteres Ausweichmanöver – und ein treffendes Selbstbildnis: Dornröschen.

Harry: „Du könntest auch einfach ganz mutig sein und diesen Abhang einfach hinunter springen ...“

Mann: „Ich?!?“

Harry: „Ja ...“

Mann: „Das sieht aber aus, als wenn's da tief runtergeht ...“

Harry: „Ja ... Du kannst Dir ja auch wünschen, daß Du nicht runterfällst, sondern runterschwebst ...“

Mann: „Schweben? ... Ich kann nicht schweben ... ... Also, ich soll mir vorstellen, da jetzt runterzufliegen?“

Harry: „Ja ...“

Mann: „Mhm ... das ist jetzt so garnicht meins ... so jetzt hier mit der Höhe ... ... ne, das kann ich nicht ... also ... ohne Sicherheit und so ... Ne! ...Ne, das fühlt sich nicht gut an ...“

Harry: „Na gut ... mmm ... Du kannst was anderes ausprobieren, wenn Du möchtest ... Du kannst Dir das herbeiwünschen, was Dir Sicherheit gibt.“

Mann: „Puh ... da stell ich mir jetzt eher so'n Sessellift vor, wo man sich anschnallen kann ...“

Harry: „Ja?“

Mann: „Aber Sessellift-Fahren ist auch nicht so meins ...“

Harry: „O.k. ...“

Mann: „Ja, hab ich schon mal gemacht, aber ... ja, würd ich machen – schon ... bevor ich da so runterspringe ... dann lieber mit dem Sessellift ...“

Normalerweise sind die Menschen auf Traumreisen begeistert, wenn ich ihnen vorschlage zu fliegen ...

Harry: „Wart mal, vielleicht findet sich noch was Besseres ... Mein Eindruck ist, daß dieses schemenhafte Spiegelbild Dich einfach da oben festhalten will – damit Du da nicht losläufst. Deshalb könntest Du das auch allgemein das rufen, was Dir Mut gibt und Sicherheit. Also, was immer das dann sein mag – nicht nur, um da runter zu kommen, sondern ... Vielleicht jemand, der Dir den Weg zeigt, oder ein Löwe, der Dir Kraft gibt, oder ... was auch immer ... Kannst ja mal schauen, wenn Du magst, ob Du da was rufen kannst, was Dir Diese Kraft und Sicherheit gibt."

Mann: „Pfff ... da kommt Hilfe von ganz oben ..."

Harry: „Was kommt von oben?"

Mann: „Ja, diese Helferlein, die ich in meiner Woche da in Hamburg getroffen habe – die werden mir grad bewußt ... daß die hinter mir stehen und daß die mich tragen ... dies ... ja, dieser göttliche Anteil in mir ... der nichts falsch machen kann ... der kommt jetzt gerade und stützt mich von hinten ... mmm ... ja, ich hab mich grad jetzt dran erinnert ... ... Also, wo sollt ich noch mal hingucken?"

Es gibt also durchaus ein spirituelles Streben und auch eine spirituelle Begabung, aber zugleich auch Angst davor ...

Harry: „Lauf einfach überhaupt mal los ..."

Mann: „O.k., dann geh ich einfach mal los ... denn eigentlich kann mir ja nichts passieren ... ist mir grad bewußt geworden ... Oh ja, da geht auch 'n Weg runter!"

Harry: „Wo lang führt der?"

Mann: „Der geht ... der geht den Berg runter ... so zickzack ..."

Harry: „Nach vorne hin?"

Mann: „Jaja, nach vorne."

Harry: „Ja, o.k."

Mann: „Sehr geröllig ... steinig ... und man kann immer nur so'n kurzes Stück sehen ... und es ist auch wieder Nebel aufgezogen ... der Weitblick ist jetzt auch wieder weg, irgendwie, aber ... man kann immer nur bis zur nächsten Ecke gucken, da, wo ich da runter laufen will ... aber das ist für mich sogar besser, weil ich dann diese Höhe garnicht mitbekomme ... Soll ich einfach mal weiterlaufen?"

Die Angst bleibt auch jetzt noch das bestimmende Element.

Harry: „Ja, gern – lauf mal weiter und guck, was da so kommt."

Mann: „Ja, ich schein jetzt unten am Berg angekommen zu sein. Puh .. ich komme jetzt quasi ... das letzte Stück ging jetzt durch so'n Wald ... da sind jetzt noch so'n paar Bäume hinter mir gewesen ... und was jetzt vorne liegt, ist wieder nebelig, das kann ich nicht so richtig sehen ..."

Die Bäume sind ein Zeichen für organsisierte Lebenskraft.

Harry: „Mhm ... sind diese Helfer noch da?"

Mann: „Ja, bewußt nicht, aber wenn ich jetzt wieder drüber nachdenke, ja ... grad beim Runtergehen hab ich die gar nicht wahrgenommen, so ... aber ... Ich hab das

Gefühl, daß die immer bei mir sind!"

Harry: „Kannst Du diese Helfer bitten, daß sie Dir zeigen ..."

Mann: „Ich weiß gar nicht, ob das 'die Helfer' oder ob das einer ist ..."

Ein Ablenkungsmanöver ...

Harry: „Das ist egal ..."

Mann: „Das ist egal ..."

Harry: „Also, das, was Dir da hilft ... kannst Du die fragen, ob Sie Dir zeigen können, wo Du hier das Wichtigste für Dich finden kannst?"

Mann: „Hier unten an diesem Berg, oder?"

Harry: „Einfach da in der Landschaft, in der Du da jetzt angekommen bist, irgendwo ist da das Wichtigste."

Mann: „Das Wichtigste für mich ... ... äh ... ja ... das ... da geht so'n Weg lang, da ist so'n großes Tor – wie so 'ne Kirche ... hinter diesem Tor sollte sich das ... ich sollte da mal durch gehen ... da geh ich jetzt einfach mal drauf zu ... Ja, ich geh jetzt quasi in so 'ne Kirche rein ... so wie früher die große Kirche bei uns im Dorf – so fühlt sich das an ..."

Offenbar ist Religion und Spiritualität ein wichtiges Thema für den Mann – und zugleich steht er auf Kriegsfuß mit diesem Thema ...

Harry: „Kannst Du erkennen, wo in dieser Kirche das Wichtige ist?"

Mann: „Ne, noch nicht ..."

Harry: „Kann Dich da das, was Dir hilft, da hin führen?"

Mann: „Ne, schwierig – und ich frag mich grad, was ich hier soll ... das ist die alte Kirche in unserem Dorf – die ist sehr groß ... da ist jetzt auch nicht'n Gottesdienst oder so, da ist einfach nur so die Kirche ... also, ehrlich gesagt, bin ich grad so'n bißchen verwirrt ... ich weiß nicht, was ich hier soll ..."

Harry: „Du könntest z.B. ausprobieren – weil das 'ne wahrscheinliche Stelle ist, wenn Du das Wichtigste suchst – Dich da hinter den Altar zu stellen, wo normalerweise der Priester steht, und gucken, was da passiert ... ob da was passiert."

Mann: „O.k. Da soll ich einfach mal drauf gehen?"

Harry: „Ja – auf diesen Platz – nicht auf den Altar, aber an diesen Platz hinter dem Altar."

Mann: „Eh ... ja ... da gehn so Scheinwerfer an ... also man steht da ... das ist so wie 'ne Bühne ... krass! ja ... da ist man schon so im Mittelpunkt ... ja ..."

Ein deutlicher Hinweis, daß das die Position ist, die für den Mann wichtig ist.

Harry: „Können Deine Helfer Dir sagen, ob das die richtige Stelle ist?"

Mann: „Ja ... auf jeden Fall! Die nicken nur und grinsen ..."

Beide lachen ...

Harry: „Grinsen ist immer gut ..."

Mann: „Also, ich habe jetzt das Gefühl ich müßte ... also irgendeine Botschaft ... ich hab das Gefühl, daß ich echt so vor Publikum stehe ... aber ich weiß gar nicht, was ich sagen soll ... so ... ich denk grad so hm ..."

Ein erster Hinwies auf die Ursache der Angst: das Gefühl, etwas leisten zu müssen, etwas Bestimmtes sein müssen, etwas Bestimmtes tun zu müssen ... Das sieht nach übertrieben starker Anpassung aus, die zu einem Selbstverlust geführt hat.

Harry: „Frag einfach mal Deine Helfer, ob es da gerade etwas gibt, was Du da sinnvollerweise tun kannst."

Mann: „Ich hab so das Gefühl, die sagen: 'Es ist egal, was Du machst – Du mußt nur da sein.'"

Deutlicher kann man das Heilmittel für diesen Mann kaum noch formulieren ...

Harry: „Na gut – dann bleib einfach mal da und guck, wie sich das anfühlt."

Mann: „Pff ... ja, fühlt sich ganz gut an, aber ich hab das Gefühl, ich schlage in meinem Kopf Saltos und flieg so in der Gegend rum ... also wie in so'm Karussell, aber sehr positiv, so ... also irgendwie so halb schwerelos, aber das ist alles so in meinem Kopf ... als ob ich in meinem Kopf so Purzelbäume mache ... und umher- schwebe ... aber kein klares Bild irgendwie ... also ... also ich muß einfach nur sein ... einfach nur da sein irgendwie ... als wenn ich da gar keine Aufgabe hab ... als wenn ich nur als Transmitter agiere ... das kommt jetzt grad irgendwie so ... als wenn ich was weitergeben kann ... vielleicht irgendso'ne ... irgendso'ne ... vielleicht als Botschafter ... mir kommt grad so ..."

Die Saltos sind der verdrängte Gegenpol zu der Starre und Unbeweglichkeit und Angst ... das eigentliche Wesen des Mannes wird irgendwo dazwischen liegen.

Die Saltos finden im Kopf statt – es geht also um das Dritte Auge, d.h. darum, daß der Mann zu sehr danach schaut, was die anderen von ihm wollen ...

Harry: „Frag mal Deine Helfer, ob Du da bist, um eine Botschafter zu sein."

Mann: „Die sind schon wieder so am grinsen ... ich hab das Gefühl, die nehmen mich garnicht ernst ... pfff ... ja, scheint so ..."

Harry: „Würde es sich für Dich gut anfühlen, diese Helfer oder den Helfer, daß sie da vor Dir erscheinen? Daß Du die mal so richtig anschauen kannst?"

Mann: „Ich glaub nicht, daß die so ... daß die so 'ne Figur haben."

Harry: „Du könntest sie auch einfach mal fragen und gucken, was passiert ..."

Mann: „Daß die sich mir zeigen?"

Harry: „Ja – warum nicht?"

Mann: „Jetzt kommt ein Bild von meiner Mutter ... ... von 'ner Freundin – das war vorhin schon mal da ... die auch spirituell arbeitet ... dann noch eine andere

Freundin ... also, das sind schon bekannte Gesichter ... (lacht) ... die Schwester meiner Frau ist auch da ... Ja, das sind alles Leute, die mich so beeinflußt haben ... positiv beeinflußt haben – bis zu dem Punkt heute, ja ...

Wieder ein Ablenkungsmanöver – der Mann fürchtet die Wahrnehmung seiner eigenen Seele wie der Teufel das Weihwasser ... wenn er genau sehen würde, wer er ist, könnte er sich nicht mehr anpassen – und das wäre ein Problem, da er dann mit seinen Ängsten konfrontiert werden würde ...

Hier ist es wichtig, behutsam vorzugehen – beharrlich, aber behutsam ...

Harry: „Du könntest auch noch mal was anderes ausprobieren: Du könntest einfach Deine eigene Mitte rufen, ob sie Dir ... ja ... als Gestalt erscheinen kann. Also Deine oder Deine Seele oder ... wie Du das so nennst ..."

Mann: „Als Gestalt?"

Harry: „Ja – daß Du sie vor Dir sehen kannst. Daß Du dann weißt, wie die aussieht."

Mann: „Pfff ... ... da kommt nix ... da kommt eher so was wie 'ne, da ist ... das gehört sich nicht so ... wie ..."

Das ist nur eine Umschreibung für „Angst".

Harry: „Ist ja auch gut ..."

Mann: „Oder da ist vielleicht 'n Widerstand – ich weiß gar nicht so ... irgendwie ..."

Harry: „Das gehört sich nicht? Bezieht sich das darauf, daß das eine Gestalt hat oder daß ..."

Mann: „Ne, das überhaupt zu ... hinterfragen ... irgendwie hab ich vielleicht auch 'n bißchen Angst, daß da vielleicht gar nichts kommt ... daß da gar nichts ist ... daß ich vielleicht gar keine richtige Seele hab oder so ..."

Harry: „Ach so – das Thema als solches macht Dir ein bißchen Angst ..."

Mann: „Ja ... daß das alles vielleicht nur so'n Geschwafel ist ... und da sind wir wieder bei den 'dancers in the dark' ... Was wissen wir schon? ... Ja, jetzt kommt schon eine ziemliche Infragestellung des Ganzes, von dem, was ich da gerade aufgebaut hab mit den Helfern und der Bühne ... irgendwie denk ich grad: 'Wenn das nun doch alles gar nicht wahr ist ... gar nicht da wäre ... und alles nur ... ein Hirngespinst ist' ..."

Jetzt ist der Nebel im Kopf und verwirrt ihn und verhindert, daß er logische Schlußfolgerungen ziehen kann und dann aufgrund dieser Erkenntnisse handelt.

Harry: „Im Moment schaust Du Dir nur einfach an, was Da kommt – Du brauchst da nicht zu fragen, ob das wahr ist oder nicht ..."

Mann: „Ich rutsche in den Verstand, ne?"

Harry: „Ja ... Du kannst jetzt einfach gucken, welche Bilder da kommen. Darüber nachdenken kann man dann später."
Mann: „Mhm ..."
Harry: „Das fing an, als Du gesagt hast ... Wie war das? ... Ob ich das darf oder so ähnlich? ... Ob meine Mitte kommt, ob die 'ne Gestalt hat – vielleicht kommt da ja gar keine ..."
Mann: „Ja, ob mir das zusteht, ob ich das ... das macht man nicht ... oder so ... das überhaupt zu hinterfragen ... da eine Frage zu stellen ..."

Der Mann verdreht aufgrund seiner Ängste das, was er auf dieser Traumreise eigentlich vorhat. es ist typisch für einige Arten von Angst, daß sie weit im Vorfeld zu dem eigentlichen Angst-Thema alles blockieren, damit man erst gar nicht in die Nähe des Angst-Themas kommen kann. Das ist eine Form des Selbstschutzes ...

Harry: „Du stellst es ja eigentlich nicht in Frage – Du willst es kennenlernen ..."
Mann: „Eigentlich wohl, ja, ich würd's gerne kennenlernen."
Harry: „Insofern ... kannst Du es eigentlich auch einfach mal aussprechen ... daß Dir Deine Seele, Deine Mitte einfach mal erscheint, damit Du weißt, wie sie ausschaut."
Mann: „Ja, dann soll die sich jetzt echt mal zeigen, so, ich würd sie gern mal kennenlernen ... Ich dachte auch, ich hätte mit ihr auch schon mal bei einer Familienaufstellung gesprochen ... da war so'n helles Licht ... aber 'ne Gestalt ... das ist sehr zögerlich, so ... so als wenn meine Seele Angst vor mir hätte ... Angst, sich mir zu zeigen ..."
Harry: „Du siehst ein helles Licht?"
Mann: „Ja – so 'ne Art Vorbote irgendwie ... nur ich ..."
Harry: „Was hältst Du davon, in dieses helle Licht hineinzugehen?"
Mann: „Ne ... das ist so'n bißchen unterhalb von mir ... so, wenn ich runterguck, so ... das geht so Richtung Boden irgendwie ... das ist ... ... Ich kann mal da rein gehen ... ... jetzt ist es wieder wie am Anfang – jetzt steh ich an so 'nem Punkt, es ist alles nebelig ..."

Ein weiterer Ausweichversuch ...

Harry: „Ist das Nebel oder ist das Licht?"
Mann: „Ja, Licht, aber irgendwie ... irgendwie ... sehe ich zumindestens nichts anderes als ..."
Harry: „Du kannst das Licht mal fragen, ob es Deine Mitte ist."
Mann: „Ne ... ne, ne ..."

Hier wird die Angst, sich selber treu zu sein, deutlich – denn genau dahin führt das Erkennen der eigenen Seele.

Harry: „Sagst Du jetzt 'ne, daß Du das jetzt nicht fragst, oder sagt das Licht, daß es nicht Deine Mitte ist?"

Mann: „Ne ... weiß ich selbst grad nicht ... Ich hab das Gefühl, ich werd hier gar nicht gesehen, so ... aber das Licht ist auch nicht ... ich kann's nicht packen ... das ist eher so, daß ... es ist Raum irgendwie ... ich weiß auch nicht ... ... Ein Raum mit 'ner blauen Decke, in dem ich jetzt drin bin ... aber da ist auch nichts anderes, irgendwie ..."

Harry: „Kannst Du die blaue Decke berühren?"

Mann: „Ne ... ne, jetzt nicht mehr ... jetzt löst sich das alles schon wieder auf, irgendwie ... so'n Wandel ... wie so'n Himmel ..."

Schnell weg ... hier könnte die Mitte sichtbar werden ...

Harry: „Du könntest noch was ganz anderes ausprobieren: Du könntest Deiner Mitte sagen, daß sie, wenn sie gerade Lust hat, etwas Bestimmtes zu tun, Dir irgendwas zu zeigen, zu sagen, zu machen – was auch immer – daß sie das einfach mal machen soll, und Du schaust, was passiert. ... Klingt das gut für Dich?"

Mann: „Ich kann das fragen, aber von meinem Gefühl ... von meinem Gefühl her habe ich das Gefühl, daß meine Mitte nicht mit mir kommunizieren möchte ... weiß ich auch nicht, warum – aber da kommt irgendwie nix ... also, ich werd irgendwie so'n bißchen ignoriert, so ... das hab ich auch grad wieder gedacht ... das verpufft dann irgendwie so ..."

Das ist eine Umkehrung der Tatsachen: Die Seele hat nichts dagegen, mit dem Mann zu sprechen, sondern der Mann hat Angst, seine Mitte zu sehen – und ihr (und folglich sich selber) treu zu sein.

Harry: „Dann könntest Du fragen, warum Dich Deine Mitte ignoriert, und ob Du das richtig siehst."

Mann: „Ja, scheint ... scheint so'n bißchen beleidigt zu sein ..."

Harry: „Aus welchem Grund?"

Mann: „Ja, weil ich sie ja auch lange nicht wahrgenommen hab, ne? Sie nicht beachtet hab, die Signale nicht ... äh ... die Wünsche nicht ... nicht ... nicht ernst genommen hab ... Das hatte ich schon mal in 'ner Familienaufstellung ... das fällt mir gerade ein ..."

Harry: „Würdest Du das gerne anders machen?"

Mann: „Was anders machen?"

Harry: „Einfach Deine Seele wahrnehmen und mitkriegen, was Die sich wünscht, und dann schauen, ob Du das machen willst."

Mann: „Ja, klar, so grundsätzlich schon, aber ich bin da schon sehr skeptisch ... ich kann meine Seele da schon verstehen ... ich bin ja immer sehr vorsichtig und gehe auch immer gerne den bequemen Weg ... und, äh ... naja ... das sind ja jetzt so'n *bißchen leere Worte, wenn ich das jetzt zu der Seele sage ... weiß ich nicht ... die scheint ja so'n bißchen nicht ganz Unecht zu haben, aber ... und ist jetzt so'n bißchen beleidigt und ignoriert mich jetzt auch, genau! ... Das beruht jetzt auf Gegenseitigkeit, scheint's ... das scheint jetzt so'n bißchen 'ne Patt-Situation zu sein ... Ich komm mir grad so'n bißchen blöd vor ... "*

Das Bild, das andere etwas von ihm wollen, ist bei dem Mann sehr ausgeprägt – und daß die anderen beleidigt sind, wenn sie das Verlangte von ihm nicht bekommen.

Harry: „Also, Du könntest ihr z.B. sagen – also, wenn das für Dich so stimmt – daß Du das Gefühl hast, daß die Situation so eigentlich 'n bißchen blöd ist, daß Du das gerne ändern würdest und daß Du noch nicht so genau weißt, wie – und daß Du gerne einfach zusammen mit ihr erkunden würdest, wie ihr ein anderes Verhältnis zueinander bekommen könnt. ... Also, wenn das so stimmt, könntest Du ihr das mal sagen. "

Mann: „Ja. ... pfff ... ja, das ist schon sehr emotional ... weil ich einfach auch nicht weiß, was ich da machen soll, ich möchte jetzt auch keine falschen Versprechungen machen, so ... Ich hab da schon mal mit der Seele drüber gesprochen, dann ... irgendwie vergeß ich sie immer wieder und lasse sie immer wieder links liegen und ... Ich kann irgendwie nicht anderes – ich hab so meinen Alltag und meine Probleme und den ganzen Scheiß, den man so vor sich her schiebt, das ... "

Hier wird das Problem sehr deutlich – er blickt stets auf das Urteil der anderen und deren vermeintliche Ansprüche an ihn.

Harry: „Du brauchst ihr ja nichts versprechen ... "
Mann: „O.k. ... "
Harry: „Du kannst ihr ja einfach sagen: 'Hör mal, ich merke, daß das so noch nicht optimal ist, ich würde das gern verbessern, ich hab keine Ahnung, ob ich das kann oder was ich eigentlich tun muß, aber wenn Du das auch gut findest, dann laß uns das einfach mal ausprobieren.'
Mann: „Ja, wie soll das funktionieren, wenn ich mich immer dagegen wehre, wenn die Seele da eine Idee hat und ich die dann sofort wieder plattrede ... dann ist das ... dann wird's ja wieder da enden, wo's jetzt steht ... "
Harry: „Ja – das ist schon richtig. Aber es ist ja auch so, daß irgendeine Ecke von Dir mit diesem Zustand nicht ganz zufrieden ist – sonst wärst Du wahrscheinlich gar nicht hier. "
Mann: „Ja ... "
Harry: „Und Du kannst Deiner Seele zumindestens sagen, daß Du siehst, daß das so nicht gut ist, und daß Du noch gar keine Ahnung hast, wie Du das ändern kannst ... Du kannst ihr immerhin sagen, daß Du merkst, daß das so noch nicht gut ist. "
Mann: „Ja, stimmt ... mehr kann ich auch nicht machen ... "

Harry: „Nö ... mehr ist dann auch nicht sinnvoll ... aber Du kannst ihr das einfach mal sagen und gucken, wie sie reagiert.“

Mann: „... ... ... ja, das ist schon o.k. auf jeden Fall ... ja, das fühlt sich sehr stimmig an ... das nimmt mir jetzt so'n bißchen das Schuldgefühl weg ...“ (Er weint ein bißchen ...)

Jetzt hat er das Problem auch selber ausgesprochen: Er fühlt sich schuldig, wenn er nicht tut, was die anderen wollen.

Harry: „Das ist schön ... ... Wenn das für Dich paßt, kannst Du Deine Seele auch fragen, ob sie Dir etwas sagen möchte.“

Mann: „Ne, da kommt nicht so richtig was ... das ist jetzt eher so eine Friedens-Situation, aber eine richtige Information bekomme ich nicht ... aber das scheint auch gerade nicht wirklich nötig zu sein ... das ist eher so ein bißchen ein 'läuft schon' ...“

Harry: „Das ist doch gut. ... Mein Gefühl ist, daß das so erst einmal reicht. ... Wie ist das bei Dir?“

Mann: „Ja ...“

Harry: „Dann kannst Du gucken, ob Du Deinen Helfern oder Deiner Seele noch irgendwas sagen willst, oder verabschieden oder danken oder was auch immer – und dann kannst Du zu dem Eingangssymbol gehen und durch das Symbol hindurch wieder zurückkehren.“

Mann: „Ich kann nur sagen, ich kann die Augen offenhalten, aber ich kann nichts versprechen ...“

Harry: „Du sollst ja auch garnichts versprechen ... Du kannst einfach sagen 'Schön, euch gesehen zu haben!'“

Mann:„O.k.“

Zu guter Letzt hat der Mann jetzt doch noch den Mut und die Erkenntnis gefunden, daß er für seine Seele nichts tun muß …

V 24. Situationen

Auch Situationen sind Bilder, die mithilfe der „Sprache des Mondes“ verstanden werden können. Dabei gibt es zwei Formen von Situations-Bild:

- Die eine Form ist das Omen. Dabei geschieht etwas Kleines und Auffäl-liges, das in Analogie zu etwas Großem steht. Die Auffälligkeit ist notwendig, damit man das kleine Ereignis überhaupt bemerkt.

Man kann z.B. dreimal nacheinander sehen, wie eine andere Person stolpert. In einer solchen Situation wäre es naheliegend, zu schauen, ob es etwas gibt, worüber man selber stolpern könnte – und dann bei diesem Thema vorsichtig zu sein.

Man kann Omen auch astrologisch erklären: Der aktuelle Planetenstand „beeinflußt" alle Dinge auf dieselbe Weise, weshalb sich alle Dinge ähnlich verhalten. Was man bei anderen sieht, könnte daher auch für einen selber von Bedeutung sein.

- Die zweite Form ist ebenfalls ein auffälliges Ereignis – allerdings ein Ereignis, das sich im Leben des Betreffenden wiederholt und daher eins seiner „Muster" ist.

Wenn man sich nach 20 Jahren ständiger Arbeit und ohne Urlaub endlich mal einen Urlaub gönnt und dieser Urlaub dann wegen dem Corona-Virus nicht angetreten werden kann, liegt es nahe sich zu fragen, was in dem Betreffenden so systematisch das Genießen des Lebens verhindert …

V 25. Imaginationen

Die Imagination ist das Gegenstück zum Verstehen von Bildern: das Erschaffen von Bildern. Die Imagination ist in der Magie und teilweise auch in der Meditation ein sehr wesentliches Element, da man mithilfe von Wille und Imagination die Lebenskraft und somit auch Ereignisse lenken kann.

Dabei ist es wichtig, die Regeln der „Sprache des Mondes" zu kennen und zu berücksichtigen, damit die imaginierten Bilder auch zu dem führen, was man erreichen will.

Die wichtigste Regel ist, daß man alles auf möglichst schlichte bildhafte Weise imaginieren sollte. Das bedeutet z.B., daß man stets den erwünschten Zustand imaginiert und nicht das Hindernis – das ist das sogenannte „positive Denken".

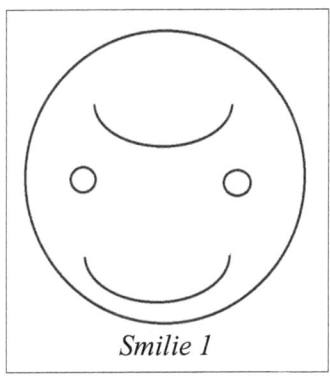

Smilie 1

Die Wichtigkeit der Bilder, die man imaginiert bzw. auf die man sich konzentriert, kann man durch den Smilie-Versuch überprüfen:

Für den „Smilie-Versuch" braucht man ein Blatt Papier, auf das der links abgebildete „Smilie" gezeichnet wird. Dieses Blatt mit der Zeichnung wird so an den Rand eines Tisches gelegt, daß ein Mensch, der vor dem Tisch steht, dieses Bild wie links abgebildet sieht.

Nun stellt sich Person A vor den Tisch und breitet seine Arme nach links und rechts wie ein „T" bzw. wie ein Kreuz aus. A soll bei den folgenden Versuchen seine

Arme möglichst in dieser Haltung halten und sie nicht ändern.

Person B stellt sich hinter A und legt ihre rechte Hand auf den rechten Ellenbogen von A und ihre linke Hand auf den linken Ellenbogen von A.

A blickt auf den Smilie und B drückt auf die Ellenbogen von A. Nichts passiert – B kann sich auf die Ellenbogen von A aufstützen und ihre Füße in der Luft baumeln lassen.

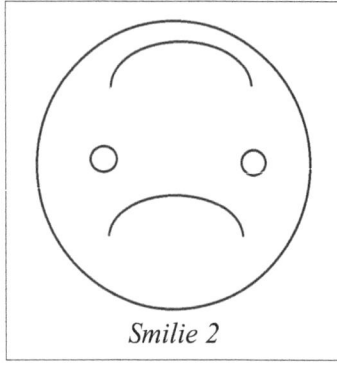

Smilie 2

Nun wird das Smilie umgedreht (siehe die Abbildung links) und der Versuch in derselben Weise wiederholt – und die Arme von A klappen kraftlos nach unten. A ist nicht in der Lage, seine Arme oben ausgestreckt zu halten.

Was ist hier passiert? Offensichtlich hat der Blick auf das Bild eine größere Wirkung auf A als der bewußte Entschluß von A, seine Arme oben zu halten.

Es sind zwei Wirkungsweisen möglich: Zum einen könnte das „depressive Smilie" A suggerieren, daß er nun mit seinem Versuch, seine Arme oben zu halten, scheitert. Zum anderen könnten die beiden „∩" des Mundes und der Stirnfalte des Smilies A suggerieren, daß er seine Arme fallen lassen soll, sodaß sie dann zusammen mit seinen Schultern dieselbe Haltung haben wie das „∩".

Dieser Versuch zeigt, daß das Unterbewußtsein auch auf äußere Informationen reagiert und nicht nur auf den Entschluß im Wachbewußtsein. Offenbar ist der Eindruck, den der Anblick des „∩" auf das Unterbewußtsein macht, deutlich größer als der Entschluß, die Arme oben zu halten.

Die Konzentration auf den „∩"-Smilie durch das Wachbewußtsein im „Büro" (A blickt bei dem Versuch auf den Smilie) sendet offenbar einen „Büro-Boten" mit der Nachricht in das „Archiv", daß der „∩"-Zustand erreicht werden soll.

Dieser Versuch zeigt deutlich, wozu Suggestionen, Werbung, Demagogie u.ä. in der Lage sein können, wenn man nicht mehr bewußt steuert, worauf sich das eigene Wachbewußtsein konzentriert.

V 26. Absprachen mit dem Unterbewußtsein

Die Absprachen mit dem Unterbewußtsein benutzen die normale Sprache, was zeigt, daß diese Merkur-Sprache zumindest teilweise von dem Unterbewußtsein in die Mond-Sprache übersetzt werden kann.

Die Situationen, in denen diese Sprache benutzt wird, ist allerdings der Bereich der Bilder-Sprache.

V 26. a)   Laternenpfähle

Als Jugendlicher und als junger Erwachsener hatte ich oft Schwierigkeiten mit mir selber und habe mich innerlich selber beschimpft. Irgendwann ist mir dann aufgefallen, daß ich jedesmal, wenn ich gegen einen Laternenpfahl oder einen Baum gelaufen bin und dann mit schmerzendem Kopf auf der Erde lag (was mir damals oft passiert ist) mich direkt vorher wieder einmal selber innerlich beschimpft habe.

Daraufhin habe ich mein Unterbewußtsein gebeten, daß ich stattdessen nur leicht mit meiner rechten Hand gegen irgendetwas stoße. Im Gegenzug habe ich mich verpflichtet, sofort innezuhalten, wenn ich mit meiner rechten Hand gegen irgendetwas stoße, und dann schaue, was ich gerade gedacht und gefühlt habe. Ich habe mein Unterbewußtsein gebeten, daß es, falls ich das einmal nicht bemerken sollte, die Hinweise nur langsam steigert.

Seitdem habe ich mir fast nie mehr den Kopf gestoßen.

V 27.   Absprachen mit den Göttern

Man kann die Mond-Sprache auch in Unterhaltungen mit den Götter benutzten – wenn man will, kann man auch von „kollektivem Unterbewußtsein" statt von „Göttern" sprechen. Dadurch wird auch deutlich, daß die Götter dieselbe Sprache wie das Unterbewußtsein sprechen, denn das kollektive Unterbewußtsein ist die telepathisch-telekinetisch Vernetzung der individuellen Bewußtseine der einzelnen Menschen.

V 27. a)   Geld

Das deutlichste Beispiel einer solchen Absprache habe ich erlebt, nachdem ich mich als Berater und Schriftsteller selbständig gemacht habe.

Ich hatte schon als Kind immer wieder das Bild vor mir, einmal unter einer Eisenbahnbrücke zu verhungern und zu erfrieren. Deshalb habe ich immer wieder nach Sicherheit und Rückhalt gesucht – die es als Selbständiger nicht mehr gibt ... da steht niemand mehr schützend zwischen einem selber und der Welt.

Ich habe mir immer wieder klar gemacht, daß man in Deutschland nicht so schnell verhungern kann, aber das hat nur wenig genützt – das kam zwar bei meinem Verstand an, aber nicht in meiner inneren Bilder-Welt.

Eines Tages habe ich einfach eingesehen, daß ich einen Rückhalt brauche, daß es einfach nicht anders geht. Ich weiß nicht, warum, aber ich habe mich auf einmal an „die da oben" (Seele, Götter usw.) gewandt und ihnen gesagt, daß ich jetzt ihnen vertraue. Einfach so. Ohne Argumentation. Ohne Überlegung. Ich habe es einfach beschlossen.

Seitdem habe ich diese Angst nicht mehr und ich habe auch immer genügend Geld gehabt. Wenn es knapp wurde mit dem Geld, habe ich denen da oben gesagt, daß sie mir Geld senden müssen, wenn sie es gut finden, wie ich gerade lebe – was sie auch jedesmal getan haben.

Bücher von Harry Eilenstein

„Magie für Anfänger"

- Telepathie für Anfänger (60 S.)
- Telepathie für Fortgeschrittene (52 S.)
- Telekinese für Anfänger (52 S.)
- Lebenskraft für Anfänger (60 S.)
- Meditation für Anfänger (56 S.)
- Hypnose für Anfänger (56 S.)
- Auto-Movement für Anfänger (56 S.)
- Ritual-Magie für Anfänger (56 S.)
- Mandalas für Anfänger (68 S.)
- Geldzauber für Anfänger (56 S.)
- Liebeszauber für Anfänger (52 S.)
- Evokationen für Anfänger (60 S.)
- Elfen für Anfänger (56 S.)
- Magie-Forschung für Anfänger (140 S.)
- Selbsterkenntnis für Anfänger (52 S.)
- Zahlensymbolik für Anfänger (60 S.)
- Die Sprache des Mondes – für Anfänger (116 S.)

Magie

- Handbuch für Zauberlehrlinge (408 S.)
- Tarot (104 S.)
- Physik und Magie (184 S.)
- Die Magie-Formel (156 S.)
- Krafttiere – Tiergöttinnen – Tiertänze (112 S.)
- Schwitzhütten (524 S.)

Meditation

- Der Lebenskraftkörper (230 S.)
- Die Chakren (100 S.)
- Das Chakren-System mit den Nebenchakren (296 S.)
- Meditation (140 S.)
- Drachenfeuer (124 S.)
- Reinkarnation (156 S.)
- einsgerichtet (140 S.)

Astrologie

- Astrologie (496 S.)
- Photo-Astrologie (428 S.)
- Die astrologischen Aspekte (88 S.)
- Horoskop und Seele (120 S.)

Kabbala

- Kursus der praktischen Kabbala (150 S.)
- Eltern der Erde (450 S.)
- Blüten des Lebensbaumes:
    - Die Struktur des kabbalistischen Lebensbaumes (370 S.)
    - Der kabbalistische Lebensbaum als Forschungshilfsmittel (580 S.)
    - Der kabbalistische Lebensbaum als spirituelle Landkarte (520 S.)

Bücher von Harry Eilenstein

Religion allgemein

- Die sieben Schritte des Lebens (428 S.)
- Muttergöttin und Schamanen (168 S.)
- Göbekli Tepe (472 S.)
- Totempfähle (440 S.)
- Christus (60 S.)
- Dakini (80 S.)
- Vajra (76 S.)

Ägypten

- Hathor und Re 1: Götter und Mythen im Alten Ägypten (432 S.)
- Hathor und Re 2: Die altägyptische Religion – Ursprünge, Kult und Magie (396 S.)
- Isis (508 S.)

Indogermanen

- Die Entwicklung der indogermanischen Religionen (700 S.)
- Wurzeln und Zweige der indogermanischen Religion (224 S.)

Germanen

- Die Götter der Germanen (87 Bände)
- Odin (300 S.)

Kelten

- Cernunnos (690 S.)
- Der Kessel von Gundestrup (220 S.)
- Der Chiemsee-Kessel (76)

Psychologie

- Über die Freude (100 S.)
- Das Geheimnis des inneren Friedens (252 S.)
- Das Beziehungsmandala (52 S.)
- Gefühle und ihre Verwandlungen (404 S.)
- einsgerichtet (140 S.)
- Liebe und Eigenständigkeit (216 S.)
- Von innerer Fülle zu äußerem Gedeihen (52 S.)

Heilung

- Die Symbolik der Krankheiten (76 S.)

Kunst

- Herz des Tanzes – Tanz des Herzens (160 S.)

Drama

- König Athelstan (104 S.)

Die Themen der 87 Bände der Reihe „Die Götter der Germanen"

1. Die Entwicklung der germanischen Religion
2. Lexikon der germanischen Religion
3. Der ursprüngliche Göttervater Tyr
4. Tyr in der Unterwelt: der Schmied Wieland
5. Tyr in der Unterwelt: der Riesenkönig Teil 1
6. Tyr in der Unterwelt: der Riesenkönig Teil 2
7. Tyr in der Unterwelt: der Zwergenkönig
8. Der Himmelswächter Heimdall
9. Der Sommergott Baldur
10. Der Meeresgott: Ägir, Hler und Njörd
11. Der Eibengott Ullr
12. Die Zwillingsgötter Alcis
13. Der neue Göttervater Odin Teil 1
14. Der neue Göttervater Odin Teil 2
15. Der Fruchtbarkeitsgott Freyr
16. Der Chaos-Gott Loki
17. Der Donnergott Thor
18. Der Priestergott Hönir
19. Die Göttersöhne
20. Die unbekannteren Götter
21. Die Göttermutter Frigg
22. Die Liebesgöttin: Freya und Menglöd
23. Die Erdgöttinnen
24. Die Korngöttin Sif
25. Die Apfel-Göttin Idun
26. Die Hügelgrab-Jenseitsgöttin Hel
27. Die Meeres-Jenseitsgöttin Ran
28. Die unbekannteren Jenseitsgöttinnen
29. Die unbekannteren Göttinnen
30. Die Nornen
31. Die Walküren
32. Die Zwerge
33. Der Urriese Ymir
34. Die Riesen
35. Die Riesinnen
36. Mythologische Wesen
37. Mythologische Priester und Priesterinnen
38. Sigurd/Siegfried
39. Helden und Göttersöhne
40. Die Symbolik der Vögel und Insekten
41. Die Symbolik der Schlangen, Drachen und Ungeheuer
42.a Die Symbolik der Herdentiere I
42.b Die Symbolik der Herdentiere II
43. Die Symbolik der Raubtiere
44. Die Symbolik der Wassertiere und sonstigen Tiere
45. Die Symbolik der Pflanzen
46. Die Symbolik der Farben
47. Die Symbolik der Zahlen
48. Die Symbolik von Sonne, Mond und Sternen
49.a Das Jenseits I – Das Hügelgrab
49.b Das Jenseits II – Der Jenseitsweg
50. Seelenvogel, Utiseta und Einweihung
51. Wiederzeugung und Wiedergeburt
52. Elemente der Kosmologie
53. Der Weltenbaum
54. Die Symbolik der Himmelsrichtungen und der Jahreszeiten
55.a Mythologische Motive I
55.b Mythologische Motive II
56. Der Tempel
57. Die Einrichtung des Tempels
58. Priesterin – Seherin – Zauberin – Hexe
59. Priester – Seher – Zauberer
60. Rituelle Kleidung und Schmuck
61. Skalden und Skaldinnen
62 Kriegerinnen und Ekstase-Krieger
63. Die Symbolik der Körperteile
64.a Magie und Ritual I
64.b Magie und Ritual II
64.c Magie und Ritual III
65. Gestaltwandlungen
66.a Magische Angriffs-Waffen
66.b Magische Verteidigungs-Waffen
67. Magische Werkzeuge und Gegenstände
68. Zaubersprüche
69. Göttermet
70. Zaubertränke
71. Träume, Omen und Orakel
72. Runen
73. Sozial-religiöse Rituale
74. Weisheiten und Sprichworte
75. Kenningar
76. Rätsel
77. Die vollständige Edda des Snorri Sturluson
78. Frühe Skaldenlieder
79.a Mythologische Sagas I
79.b Mythologische Sagas II
80. Hymnen an die germanischen Götter